„fika-navzájom" – pestovať životodarné vzťahy, vďaka ktorým si navzájom pomáhajú v rozkvete.

Existuje množstvo kníh, ktoré sú zamerané na pestovanie vzťahov, no brilantnosť tejto knihy spočíva v uznaní, že Boh stvoril každého z nás jedinečným spôsobom. Lisa na každom kroku tejto cesty poskytuje praktické a tvorivé cvičenia, ktoré sú určené pre rozličné typy osobností. Ak hľadáte spôsob, ako prijať všetko, čo On pre vás má, a zároveň v tom chcete pomôcť aj ostatným, tento úžasný zdroj si určite zamilujete!

—Dr. Cheryl A. Taylor
misionárka v Keni, Afrika

Boh z Lisy Potter vychoval matku Božieho ľudu pre túto dobu, a to uprostred zmien, ktoré sa diali v cirkvi. Pripravuje však ďalšiu generáciu žien líderiek, aby z hĺbky duše podporovali a udržiavali cirkev v časoch, ktoré sú pred nami. Kniha *Spoločná cesta* bude slúžiť ako nevyhnutný spoločník po boku každej ženy na jej služobnej púti.

—Dr. Stephanie Nance
pastorka pre duchovnú formáciu dospelých
cirkevný zbor Chapel Springs

Kniha *Spoločná cesta* je inšpiratívna a praktická. Volanie na cestu k hore, kde na vás čaká Boh, je o smútku a bolesti, smiechu a radosti, sklamaní a snívaní. Lisa presvecuje cestu smerom k Bohu, sebe samej a k spoločenstvu. Je to povinné čítanie pre ženy pripravené vstúpiť do svojho líderského povolania a prevziať zodpovednosť za to, že so sebou privedú aj ďalšiu generáciu.

—Dr. John Battaglia
doktor duchovnej služby, programový riaditeľ na teologickom seminári Assemblies of God
kaplán Kapitolskej komisie pri zákonodarnom zbore štátu Missouri

Kniha *Spoločná cesta* kladie dôraz na dve mimoriadne dôležité pravdy. Po prvé, život je cesta. Boh nás vyzýva, aby sme sa stali niečím viac, než sme dnes. Po druhé, nikto by nemal kráčať touto cestou sám. Lisa Potter prináša stratégie, ako sa posunúť vpred a spojiť sa s ostatnými. Sme povolaní vystúpiť na vyššiu úroveň. Lisa nám ju pomôže dosiahnuť.

—Scott Young
pastor, cirkevný zbor Nádeje
Sarasota, Florida

Lisa Potter je úžasným príkladom líderky, ktorá si hlboko uvedomuje predtým nenaplnené potreby. Vytvára vzťahy, ktoré vedú duše žien k uvedomeniu si Božej prítomnosti v každodennom živote. Kniha *Spoločná cesta* vás prevedie niekoľkými krokmi, ktoré oceníte pri odhaľovaní Božích obdarovaní a Božieho povolania pre vás. Lisa buduje spoločenstvá – verte mi, že táto kniha vám dodá odvahu zapojiť aj druhých a zdokonaliť vašu cestu vo vzťahovej rovine.

—Noemi Chavez
pastorka, Revive Church
spoluzakladateľka organizácie Brave Global

Líderstvo je celoživotná cesta, ktorá ale nemá koniec! Dobrou správou však je, že existujú ľudia ako Lisa Potter, ktorí slúžia ako sprievodcovia na tejto ceste, a knihy ako *Spoločná cesta*, ktoré sú ako mapy. Ak sa snažíte objaviť, čo je Boží plán pre váš život, alebo sa chcete dostať na vyššiu úroveň líderstva, táto kniha vám v tom pomôže. Ak chcete rásť do výšky, najprv musíte ísť do hĺbky!

—Mark Batterson
autor bestselleru *The Circle Maker* podľa *New York Times*,
vedúci pastor National Community Church, Washington, DC

Existuje mnoho kníh o líderstve, ale práve *Spoločná cesta* je jedným z veľmi mocných nástrojov pre ženy v takomto postavení. Lisa ponúka plán udržateľného líderstva pre budúce generácie žien prostredníctvom skúmania vnútorného ja, mocou príbehu, Božieho povolania a spoločenstva.

—Scott Wilson
autor knihy *IMPACT: Releasing the Power of Influence*,
zakladateľ 415leaders.com a RSGleaders.com

Vždy keď Lisa Potter rozpráva, rada počúvam. Je inteligentná, kompetentná, výrečná, zapálená pre podnecovanie potrebných zmien v ľuďoch a inštitúciách a vnímavá na Ducha. Keď sa s týmto „balíkom" otvoria také dôležité témy, akými sú zdravý život a líderstvo kresťanských žien, vznikne kniha, ktorú si nechcete nechať ujsť. Ručím vám za to, že vás prinúti premýšľať a nakoniec vás povedie k tomu, že sa viac ponoríte do vzťahov tak, aby sa vaše sny stali skutočnosťou.

—Dr. Carolyn Tennantová
rečníčka, mentorka, profesorka
a autorka kníh *Catch the Wind of the Spirit* a *Keys to the Apostolic and Prophetic*

Nepoznám veľa ľudí, ktorí by boli viac zapálení pre vyzbrojovanie a posilňovanie žien, aby hľadali svoje povolanie a možnosti sebarealizácie, ako je Lisa Potter. Som užasnutá knihou *Spoločná cesta* a tým, koľko žien môže objaviť svoj plný potenciál vďaka inšpiratívnemu a hlavne praktickému obsahu, ktorý kniha ponúka.

—Lora Batterson
National Community Church, Washington, DC

Spoločná cesta je oveľa viac než len stretnutie priateliek s cieľom rozvíjať líderstvo. Ide o vaše ja (životné skúsenosti, spomienky, stretnutia s Bohom), ktoré prinesiete k Ježišovým nohám na prehodnotenie. Je to Bohom daná perspektíva spásy, ktorá vás pomôže nasmerovať k Božiemu zámeru pre váš život. Táto kniha je tu pre vás, ak ste pripravení posunúť sa na ďalšiu úroveň vašej viery.

—Pastorka Marlyn DeFoggi
West End Assembly of God, Richmond, Virginia

Lisa nepochybne chápe, aké dôležité je spoločenstvo pre ženy, ktoré chcú splniť Božie poslanie vo svojom živote. Kniha *Spoločná cesta* ponúka jasný rámec, ktorý nám ukazuje, ako sa navzájom povzbudiť, ako ísť po ceste životodarnej starostlivosti o svoju dušu, ako pochopiť svoje jedinečné obdarovania a byť súčasťou Božieho plánu pre náš život. Som nesmierne vďačná za túto úžasnú knihu!

—Kerry Clarensau
autorka kníh *Secrets, Redeemed, Fully His* a *A Beautiful Life*
Camas, Washington

Apoštol Pavol píše v 1. liste Korinťanom 12, 7 (EKU): „KAŽDÉMU je však daný prejav Ducha na spoločný úžitok." Má na mysli mužov a ženy z každého pokolenia, jazyka, reči a národa. Okrem deviatich duchovných darov Pavol spomína apoštolov, prorokov, učiteľov, činiteľov zázrakov, služobníkov s darom uzdravovania, pomocníkov, správcov a ľudí hovoriacich jazykmi – bez toho, aby niekoho vylúčil. Duch totiž dáva dary „každému". Lisa Potter je toho obhajkyňou a zároveň je mentorkou žien, pomáha im nájsť ich Božie povolanie a obdarovanie a následne ich vedie k tomu, aby mohli slúžiť v Božom kráľovstve. Jej ohlasovanie cez *Spoločnú cestu* skutočne slúži „spoločnému dobru".

—Harvey A Herman
Chi Alpha Campus Ministries, misionár

Spoločná cesta nie je len obyčajná kniha. Je to pozvanie na nový spôsob života – cestu duchovnej hĺbky v inak plytkom svete. Lisin hlas zapálený pre Pána, ktorý počuť v celom texte, spôsobuje, že čitateľ dychtivo obracia stranu po strane. Lisu poznám ako kolegyňu, líderku, učiteľku a teraz aj ako autorku. Jej posolstvo by malo byť posolstvom pre každého. Knihu *Spoločná cesta* vám vrelo odporúčam.

—Dr. Robert J. Rhoden
riaditeľ Ascent College

Väčšina ľudí si počas prípravy na cestu balí kufre, táto cesta je však iná. Na stránkach *Spoločnej cesty* vás Lisa láskyplne vyzýva k tomu, aby ste si svoje kufre *vybalili* a uvoľnili miesto na poklad, ktorý počas tejto cesty nájdete. Je to cesta transformácie a zároveň pozvanie k stolu, pri ktorom sa začína Božia hostina a buduje sa spoločenstvo. Ste pripravení na revolúciu vo svojom živote a líderstve? Tak teda pristúpte k stolu!

—Stacy Eubanks
misionárka AGWM

Ako veľmi mladá som túžila po hlbšom vzťahu s Ježišom. Potrebovala som nejaké systematické nasmerovanie na cestu učeníctva, ktoré by ma viedlo k životu, ktorý mi Boh pripravil. Našťastie ma ženy, ktoré boli vo vedení môjho cirkevného zboru, podchytili a stali sa mojimi mentorkami. Kiežby sme vtedy boli mali k dispozícii knihu *Spoločná cesta*! Prehovára do každej časti nášho života, spája zrelé líderky so ženami, ktoré túžia žiť skutočný, duchovný a zdravý život v Ježišovi, aby mohli rásť a viesť. Lisa Potter nám ponúka zdroj, ktorý svojou praktickosťou, ale aj duchovnou hĺbkou dokáže ovplyvniť životy a naplniť potreby žien v rámci miestnej cirkvi i mimo nej. Kniha *Spoločná cesta* poskytuje biblické nasmerovanie k rastu v Ježišovi na našej spoločnej ceste, po ktorej všetci túžime ísť v dnešnom uponáhľanom a roztrieštenom svete.

—Kay Burnett
národná riaditeľka pre ženskú službu v Assemblies of God,
poverená duchovná pracovníčka, zakladateľka cirkevných zborov

Keď sme sa s Lisou prvýkrát stretli v seminári, vedela som, že je to spriaznená duša. Zdieľame hlbokú vášeň viesť lídrov k osobnej celistvosti. *Spoločná cesta* nie je len ďalšia z množstva nezáživných kníh o líderstve v zmysle „Ako byť úspešným CEO", práve naopak – povzbudzuje lídrov do niečoho omnoho presvedčivejšieho, celistvejšieho, životodarnejšieho a svätého.

Lisa nám vo svojej zraniteľnosti otvorene rozpráva svoj životný príbeh plný„ bolestí spôsobených veľkými očakávaniami, osamelosti, kritiky, duchovného a fyzického vyčerpania". Tým nás privedie až na cestu transformácie, ktorá prináša rozkvet v našom osobnom živote, líderstve a v živote tých, ktorým slúžime.

Lisa nám nedovolí skrátiť si cestu k osobnej celistvosti ani nás nenechá utápať sa v teórii. Robí to rázne, prostredníctvom silných analógií, hlbokých postrehov a bohatej exegézy, čím nám ponúka spôsob líderstva, ktorý presahuje osobné aj komunitné praktizovanie. Totiž každá oblasť života, na ktorú sa zameriame, si vyžaduje praktické duchovné prepojenie s reálnym životom. Či už je to duchovné cvičenie, vyhodnotenie osobnosti, mapovanie príbehov, písanie denníkov, odpúšťanie, spomienky, starostlivosť o telo a podobne.

Keď som si čítala knihu *Spoločná cesta*, pristihla som sa, ako si šepkám: „Kiež by som bola bývala súčasťou *Spoločnej cesty*, keď som bola mladšou líderkou." Vy však čakať nemusíte. Táto kniha, táto cesta je tu pre vás! Myslím si, že *Spoločná cesta* bude základným zdrojom informácií pre líderky na dlhé roky. Nech sa tak stane.

—Dr. Gail Johnsen
autorka knihy *All There: How Attentiveness Shapes Authentic Leadership*

Lisa píše zo srdca oddaného Ježišovi a s túžbou vidieť ženy kráčať v ústrety svojmu osudu. *Spoločná cesta* nie je klasickou knihou o líderstve, ale sprievodcom cestou mentorovania, na ktorej zakúsime rovnováhu medzi víziou a realizáciou. Dozviete sa, kto je Pán vo vás a skrze vás. Je to kniha, ktorú by mala mať každá líderka.

—Dr. Kristi Lemley
prezidentka Living in the Light Ministries,
ordinovaná duchovná pracovníčka a presbyterka

Lisa kráčala popri tichých vodách aj údolím tieňov a vždy zostala verná Ježišovi. Boh do nej zakaždým vložil niečo hlboké – niečo, čo je hodné ďalšieho odovzdania. Vždy keď si nájdeme čas a stretneme sa, nakloním sa k nej, aby som počula, čo Svätý Duch hovorí cez jej slová a život.

—Stefanie Chappell
Chi Alpha Campus Ministries, USA

Ak ženy kráčajú spolu, zájdu ďalej; avšak v našich uponáhľaných životoch je niekedy náročné nájsť si čas a priestor na obohacujúce stretnutia. Kniha *Spoločná cesta* preverí prostredníctvom transgeneračného mentorstva všetky možnosti, ako povzbudiť túto generáciu mladých žien, aby naplno využili svoj líderský potenciál. Neviem sa dočkať, až budem môcť túto „Spoločnú cestu" rozvíjať v sfére svojho vplyvu. Ďakujem, Lisa Potter, za tento veľkolepý prínos pre ženy v líderstve.

—Crystal Martin
národná riaditeľka Assemblies of God, Network of Women Ministers

Švédsky výraz *fika* znamená stretnutie s priateľom pri káve. Nejde však len o posedenie „na kus reči"; je tam úmysel byť súčasťou života toho druhého, zdieľať ho. Označuje zmysluplnú výmenu, ktorá vedie k spoločnej obnove. *Spoločná cesta* je mocným nástrojom, ktorý pomáha ženám líderkám

Autorské práva © 2024 Lisa Potter

Vydalo vydavateľstvo Arrows and Stones

Všetky práva vyhradené. Žiadna časť tejto knihy sa bez predchádzajúceho písomného súhlasu autora nesmie reprodukovať, ukladať do vyhľadávacieho systému alebo šíriť v akejkoľvek forme alebo akýmikoľvek prostriedkami - elektronicky, mechanicky, fotograficky, nahrávaním, skenovaním alebo inak - s výnimkou krátkych citácií v kritických recenziách alebo článkoch.

V prípade zahraničných a vedľajších práv kontaktujte autora.

Návrh obálky: Sara Young

ISBN: 978-1-962401-61-6   1 2 3 4 5 6 7 8 9 10

Vytlačené v Spojených štátoch amerických

Spoločná cesta

Pozvanie na prehĺbenie vášho
života a líderstva

LISA POTTER

ARROWS & STONES

VENOVANÉ

*môjmu manželovi Frankovi – tebe.
Fandíš mne a všetkým ženám,
aby vstúpili do svojho líderského povolania.
Vďaka tebe som dnes takou líderkou, akou som.*

OBSAH

Predslov xv
Poďakovanie xvii
Úvod xxi

    KAPITOLA 1. Nevyhnutné cesty 31

    KAPITOLA 2. Boh ťa čaká na tvojej hore 37

PRVÁ ČASŤ. Naše vnútorné ja: sila vnútornej analýzy ... 45

    KAPITOLA 3. Ako sa má tvoja duša? 51

    KAPITOLA 4. Kto som? 55

    KAPITOLA 5. Čo je životodarné? 59

DRUHÁ ČASŤ. Pánova večera:
                   sila vášho osobného príbehu 63

    KAPITOLA 6. Aký je váš osobný príbeh? 67

    KAPITOLA 7. Boží spôsob, ako nájsť odpustenie 71

    KAPITOLA 8. Oslava vďačnosti a radosti 77

TRETIA ČASŤ. Povolanie: Sila Božieho zámeru v nás 81

    KAPITOLA 9. Zmysel a vášeň 87

    KAPITOLA 10. Všetko je o tebe a zároveň to vôbec nie je o tebe . 93

    KAPITOLA 11. Vízia a hodnoty 99

ŠTVRTÁ ČASŤ. Spoločenstvo:
                     Sila vzájomnej prepojenosti 103

KAPITOLA 12. Bola si stvorená pre spoločenstvo............... 107

KAPITOLA 13. Patríš do veľkého kmeňa........................ 111

KAPITOLA 14. Tvoj kmeň ťa prepája s ostatnými kmeňmi...... 115

KAPITOLA 15. Pohľad z neba a pohľad zo zeme................. 119

KAPITOLA 16. Odovzdať sen ďalej.............................123

KAPITOLA 17. Pozvanie k stolu................................127

Príloha A: Vyhodnotenie toho, čo je životodarné................. 135

Príloha B: Pracovný list k sebadisciplíne a starostlivosti o seba..... 137

Príloha C: Verše na tému „kto som"............................139

Príloha D: Príklad prehlásenia o vízii a hodnotách................ 141

Príloha E: Osobný záznam a plán rastu........................143

Príloha F: Zoznam zdrojov vzťahov............................145

Použitá Literatúra 147

PREDSLOV

Raz za čas nám svätá priazeň a akási tajomná milosť odhrnie oponu a umožní nahliadnuť do fázy zárodku Božieho sna niekoho iného. Mne sa to stalo počas niekoľkých rokov hlbokých rozhovorov s mojou drahou priateľkou a kolegyňou v službe Lisou Potter. Bolesť a pocit osamelosti vyplývajúce z Lisiných vlastných skúseností zo začiatku služby priniesli zrod vášne pre hľadanie vzťahového, ľahko realizovateľného a reprodukovateľného spôsobu, ako zabezpečiť, aby tí, ktorí prichádzajú po nej, mali úplne inú skúsenosť v službe ako ona. Skúsenosť, ktorá by bola zdravá, podporovaná, plná pevných biblických princípov, ktoré budú lídrov udržiavať dlhodobo.

Musím povedať, že to, čo som vtedy videla, vzbudilo v mojom srdci novú nádej, najmä pre mladšiu generáciu sestier vo vedení služby, ktoré zúfalo túžia po múdrom, dostupnom mentorstve a po hodnotných zdrojoch z prvej ruky na odvážnej ceste vpred. Lisa vložila roky modlitieb, intenzívneho štúdia a hľadania (nehovoriac o krvi, pote a slzách) do tejto Bohom vedenej vášne. Poznatky nadobudla z desiatok rokov svojich skúseností v službe a na základe skúseností dôveryhodných kolegov a poradcov. *Teraz* už skutočne vidím, že tento Lisin sen sa dokonale vyformoval a je obsiahnutý na stránkach tejto nádhernej knihy, pričom dodáva odvahu na dôležité životné kroky, ktoré sú pred nami... a to skutočne vyráža dych!

Kniha *Spoločná cesta* je pre každú ženu, ktorá je odhodlaná stále hovoriť „*áno*" Ježišovi a Jeho povolaniu slúžiť a viesť s pomazaním, odvahou a pokorou. Je pre každú ženu, ktorá si chce byť istá, že ostatné ženy obdarené povolaním budú povzbudené, podporené a vybavené zdrojmi na vlastnú cestu líderstva v ich službe. Je určená skupinám žien, ktoré túžia po spoločenstve sestier, ktoré sa navzájom chápu a sú odhodlané putovať spoločne, zdieľať svoje príbehy a vzájomne sa deliť o svoje silné stránky v Ježišovej prítomnosti.

Ide v podstate o toto: Nikdy by ste nemali kráčať po ceste služby samy, milé sestry. Na nasledujúcich stránkach na vás čaká množstvo pomoci a nádeje. Skutočne si nepamätám, že by som sa niekedy viac tešila z vydania novej knihy. S presvedčením a nadšením hovorím, že kniha *Spoločná cesta* od mojej úžasnej priateľky a autentickej, mimoriadne nadanej slúžiacej líderky Lisy Potter je tu práve pre VÁS! Uchopte šálku kávy a chyťte za ruku nejakého priateľa – je čas, aby sa vaša cesta začala!

Jodi Detricková
North Bend, Washington
autorka kníh *The Jesus Hearted Woman* a *The Settled Soul*

POĎAKOVANIE

Bolo potrebných veľa modlitieb, povzbudení a slov ako: „Len do toho, vpred!", aby sa mi podarilo dokončiť cestu písania tejto knihy. Vo svojom srdci som vedela, že *Spoločná cesta* bude jedného dňa knihou, ale zároveň som pochybovala, že tento čas niekedy vôbec nastane.

V období, keď som snívala o vydaní tejto knihy, zomrel môj ocko. Čas, ktorý som nášmu vzťahu počas posledných mesiacov jeho cesty na zemi venovala, stál za to, aby sme si počkali na vydanie tejto knihy. Hoci tu teraz nie je so mnou, viem, že ma stále povzbudzuje z tej druhej strany.

Všetci, ktorí ste boli nejakým spôsobom po mojom boku, ste súčasťou príbehu *Spoločnej cesty*. Ale čo je ešte dôležitejšie, ste súčasťou môjho príbehu a je pre mňa požehnaním, že vás môžem považovať za svojich vzácnych priateľov.

Ďakujem svojmu manželovi a rodine: milujem vás, Frank, Lindsay, Andrew a Allison. Ste mojimi najväčšími fanúšikmi.

Ďakujem tebe, mami. Vždy si mi načúvala a modlila sa a ja som naplnená dobrotou, pretože mám tú česť byť tvojou dcérou.

Ďakujem mojim prvým kamarátkam Ann a Naomi. Vytiahli ste ma z depresie a pomohli mi zakúsiť silu spoločenstva; a ja vám zostanem navždy vďačná.

Ďakujem Jodi Detrick, mojej spriaznenej duši, večnej priateľke, neustálej povzbudzovateľke a trénerke. Máš skutočne Ježišovo srdce. Bez tvojho vedenia a vhľadu do vecí by sa *Spoločná cesta* nezrealizovala. Ďakujem ti, priateľka moja, za to, že vo mňa veríš.

Ďakujem svojej prvej skupine *Spoločnej cesty*, zúčastneným na akademickom preskúšaní v teréne, z ktorého rýchlo vzišlo priateľstvo. Nezdá sa mi správne, aby som vás nemenovala:

Lindsay Potter, Julia Putprush, Victoria Davis, Kelsey Bradley, Kayla Fuoco, Carla Bailey, Shauna Nicholson, Stacy Eubanks, Natalie Hill, Rochelle Roman, Kelli Ferguson, Julia Mockabee, Wendi Rawls, Hannah Horst, Jessica Crews, a Courtney Barnes. Meníte svet, dievčatá, a ja vám silno fandím a povzbudzujem vás: „Len do toho, vpred!"

Ďakujem Marlyn DeFoggi a ženám z West End Assembly of God. Veľmi si vážim, že ste sa vydali na *Spoločnú cestu* a dokázali, že ženy v akomkoľvek období života a líderstva potrebujú to, čo sa nachádza na stránkach tejto knihy.

Ďakujem Dr. Cheryl Taylorovej – za to, že si sa ma opýtala, či som vôbec niekedy premýšľala o rozšírení svojho vzdelania, a dala si mi pocítiť, že nič nie je nemožné. Za svoju cestu za vzdelaním vďačím práve tejto tvojej otázke.

Ďakujem Erike Huindovej, svojej redaktorke, ktorá zo mňa ma robí oveľa múdrejšiu, než v skutočnosti som. Si absolútny gramatický skvost a majsterka slova.

Ďakujem výkonnému tímu siete Potomac Ministry Network, AGTS (Assemblies of God Theological Seminary) a profesorom. Ďakujem, že ste stáli po mojom boku a že veríte v moje srdce a vášeň mentorovať ďalšiu generáciu ženských líderiek.

Ďakujem Kay Burnettovej. Prečítala si si akademický rukopis a potom si ma zaangažovala takým spôsobom, aby sa túžba môjho srdca stala skutočnosťou. Milujem a vážim si tvoje vedenie. V povzbudzovaní si fakt dobrá.

Ďakujem vám, Martijn van Tilborgh, Rick Edwards, Four Rivers Media Publishing, a úžasnému vydavateľskému tímu za to, že sa táto kniha stala skutočnosťou a mohla som pocítiť, že moje slová boli dôležité, užitočné a môžu poslúžiť vyššiemu zmyslu.

A nakoniec, čo je najdôležitejšie, ďakujem môjmu Pánovi a Spasiteľovi, Ježišovi Kristovi, ktorý vykupuje naše životy a robí ich krásnymi a užitočnými pre Jeho kráľovstvo. Denne si šepkám slová, ktoré sú napísané v 2. liste Tesaloničanom 1, 11 (EKU): „Preto sa i stále modlíme za vás a za to, aby vás náš Boh urobil hodnými povolania a svojou mocou splnil každý dobrý zámer a dielo viery."

Za to všetko som naozaj vďačná.

ÚVOD

Táto kniha je o cestách – o spoločných a o individuálnych cestách. Je to kniha, ktorá vyviera z hĺbky mojej osobnej bolesti a z nadšenia ženy – líderky, manželky, mamy, dcéry, sestry, priateľky a mentorky.

> Táto kniha je o cestách - o spoločných a o individuálnych cestách.

To, že som počas prvých rokov svojho života a líderskej cesty nemala mentora, ma priviedlo k tomu, aby som sa ja stala mentorkou ďalšej generácie líderiek. Zatiaľ čo som zakúšala bolesť spôsobenú priveľkými očakávaniami, osamelosťou, kritikou a duchovným a fyzickým vyčerpaním, táto moja životná cesta sa stala lekciou s názvom „Veci, o ktorých by som bola rada vedela".

Veľmi skoro som zistila, že na svojej ceste zdravia a celistvosti nemôžem byť ako líderka sama. Potrebovala som spoločenstvo, kolektív žien, ktoré by kráčali spolu so mnou procesom premeny na lepšiu verziu samej seba. Z tejto potreby spolupatričnosti sa zrodila *Spoločná cesta*. Práve držíte v rukách knihu na osobnú cestu a vzťahový mentoringový model vyvinutý s cieľom efektívne začleniť mladšie líderky do cesty smerom k premene a celistvosti.

Osobné, biblické a odborné štúdium ma priviedlo k niekoľkým poznatkom, ako sú:

- Dôležitosť starostlivosti o svoju dušu.
- Sila osobného príbehu.
- Potreba poznať svoje Bohom dané povolanie.
- Nevyhnutnosť rozvíjať spoločenstvo s cieľom nachádzania podpory a vytvárania priateľstiev.

Okrem toho som sa naučila, že efektívnosť životných a líderských ciest vždy spočíva vo vytváraní udržateľnej línie s ohľadom na ďalšie generácie. Kľúčovými stratégiami na dosiahnutie celistvosti sú mentoring a budovanie komunít, v ktorých fungujú vrúcne vzťahy.

Štyri základové piliere

Kniha *Spoločná cesta* predstavuje vzťahový mentoringový model vyvinutý s cieľom efektívne začleniť mladšie líderky do cesty smerom k premene a celistvosti.

Využíva štyri základové piliere, ktoré nájdeme v Pavlovom a Timotejovom mentoringovom vzore pre líderstvo v Druhom liste Timotejovi 1, 1 – 18, a poukazuje na štyri hlavné elementy spomenuté v tomto úryvku: naše vnútorné ja (sila vnútornej analýzy), Pánova večera (sila osobného príbehu), povolanie (sila Božieho zámeru v nás) a spoločenstvo (sila vzájomnej prepojenosti).

Štyri základové piliere života a líderstva sa vyznačujú rovnako dôležitým zameraním na vnútorný, ako aj na vonkajší svet. Vo svojej knihe *Soul Keeping* John Ortberg vysvetľuje rozdiel medzi vnútorným a vonkajším svetom:

„Všetci žijeme v rámci vonkajšieho a vnútorného sveta. Moje ja v rámci vonkajšieho sveta je verejné, viditeľné. Patria k nemu moje úspechy, moja práca a moja povesť. Môj vnútorný svet je tam, kde sa nachádzajú moje tajné myšlienky, nádeje a želania. Pretože môj vnútorný svet je neviditeľný, je ľahké ho zanedbať.

Nikto k nemu nemá priamy prístup, takže ho neodmení žiaden potlesk."[1] Všetky štyri základové piliere sú prepojené a pomáhajú nám uvedomiť si, že celistvosť života pramení z vnútra človeka, z tej časti jednotlivca, ktorá nie je vystavená na obdiv.

Biblická zmienka v druhom Pavlovom liste Timotejovi, „synovi viery", je nadčasovým príkladom toho, aký dôležitý je mentoring a odovzdávanie štafety ďalšej generácii s cieľom vytvárať líniu lídrov. Napriek tomu, že Biblia bola písaná v patriarchálnej spoločnosti, dobre sa premieta do dnešnej kultúry a ukazuje, že Boh povoláva tak mužov, ako aj ženy na to, aby viedli iných.

Obsah druhého Pavlovho listu Timotejovi je mimoriadne osobný a evokuje v nás pocit, že duchovný otec odovzdáva svojmu duchovnému synovi svoju poslednú vôľu a rady. Pavol sa v tomto osobnom liste delí o svoje spomienky, oceňuje generačnú kontinuitu v službe Bohu, povzbudzuje nás a pripomína, aby sme zostali silní vo viere a znášali utrpenie, zdôrazňuje cirkevné postupy proti falošnému učeniu a povzbudzuje Timoteja, aby „hlásal Slovo" (2 Tim. 4, 2).

Pavol uzatvára list vyjadrením svojich naliehavých potrieb, pretože život sa pre neho čoskoro skončí. V podstate je tento list jeho závetom, v ktorom Timotejovi pripomína všetko, čo ho naučil, pričom odovzdáva štafetu lídrerstva ďalšej generácii. Druhý list Timotejovi je poctou Pavlovmu odkazu a naliehavou pripomienkou toho, aby sme zostali verní evanjeliu a pokračovali v službe, ktorú Pavol začal pre budúce generácie.

Na tomto biblickom príklade vidíme, že Boh vyzýva lídrov, aby úspešne dokončili svoju cestu a znásobovali sa. Príklad Pavla a Timoteja potvrdzuje nevyhnutnosť existencie duchovných otcov a matiek, ktorí vychovávajú dcéry a synov viery.

---

[1] John Ortberg, *Soul Keeping: Caring for the Most Important Part of You* (Grand Rapids, MI: Zondervan, 2014), 38.

Pri čítaní druhého listu Timotejovi 1, 1 – 18 sa vynára a utužuje spojenie so štyrmi základovými piliermi: naším vnútorným ja, Pánovou večerou, Božím povolaním a spoločenstvom, teda s „Vecami, o ktorých by som bola rada vedela". Pavol pripomína Timotejovi (a takisto aj nám): „Pomocou Ducha Svätého, ktorý prebýva v nás, zachovávaj to dobré, čo ti bolo zverené." (2. list Timotejovi 1, 14). Prvý základový pilier, naše vnútorné ja, sila našej vnútornej analýzy, je začiatkom našej cesty smerom k zdravšiemu vnútru. Chráňte si svoje srdce, svoje vnútorné ja, pretože z tohto miesta prúdi navonok tá najpodstatnejšia časť – vaše pravé ja. Nie je možné ho ukryť. Ak je duša nezdravá, nakoniec prepukne do nezdravých návykov a bude ovplyvňovať náš osobný aj líderský život. Druhým základovým pilierom vnútorného sveta je Pánova večera, sila nášho osobného príbehu. Praktizovanie Pánovej večere je mocnou analógiou toho, ako môžeme prijať silu nášho vlastného príbehu, prostredníctvom Božieho príbehu – jeho smrti, pochovania a vzkriesenia. Spoločne uvažujeme o praktizovaní rozpomínania, odpúšťania a vďačnosti.

Pripomienka Timotejovho príbehu sa objavuje hneď na začiatku druhého listu Timotejovi 1, 3 – 5, kde Pavol poúča svojho syna o viere. Nabáda Timoteja, aby sa rozpamätal na to, odkiaľ prišiel. Aby sa rozpamätal na silu a dobrotu viery, ktorá najprv prebývala v srdci jeho starej mamy Loidy a neskôr v srdci jeho mamy Euniky. Timotejov osobný príbeh formoval jeho život a líderstvo.

Ďalej tu nachádzame vonkajšie zameranie sa na Božie povolanie, silu Božieho zámeru v nás. Tento základový pilier stavia na zjaveniach z vnútorného sveta, a to z nášho vnútorného ja a z Pánovej večere. Preto Pavol naliehavo upomína Timoteja, „aby roznecoval dar Boží, ktorý je v tebe, daný ti vložením mojich rúk. Lebo nám nedal Boh ducha bojazlivosti, ale moci a lásky a zdravého rozumu." (Druhý list Timotejovi 1, 6 – 7).

Pavol pripomína Timotejovi, aby kráčal vo svojom individuálnom povolaní a roznecoval ho do plameňa. Aby nedovolil svojmu strachu a plachosti zahasiť svetlo, ktoré môže prinášať len on. Nájdi aj ty cestu svojho povolania a kráčaj ňou zmysluplne a v zápale.

Posledný základový pilier je spoločenstvo, sila vzájomnej prepojenosti. Je zakorenený v probléme, ktorého sa ženy najviac obávajú – v osamelosti. Pavol zažíva osamelosť v živote aj líderstve. Keď píše list Timotejovi, pripomína mu, aby pamätal na ľudí, ktorí stoja pri ňom:

> *[15]Vieš, že sa odo mňa odvrátili všetci, čo sú v Ázii, medzi nimi Fygelus a Hermogenés. [16] Kiež Pán preukáže milosrdenstvo Oneziforovmu domu, lebo ma mnohokrát potešil a nehanbil sa za moje okovy.*
>
> —*Druhý list Timotejovi 1, 15 – 16*

Toto všetko je možné vidieť v jeho liste Timotejovi: v ňom mu pripomína jeho korene, vyobrazuje silu osobného príbehu, zdôrazňuje jeho povolanie a roznecovanie Božieho daru, povzbudzuje ho, aby si chránil to, čo má, a zotrvával s tými, ktorí s ním budú až do konca. Možno by sme si aj my mali položiť otázku, akú si pravdepodobne kládol aj Pavol, keď písal svoj Druhý list Timotejovi: *Ak tu nebudem ja, kto bude robiť to, čo som robil ja?*

Potreba transformácie a celistvosti

Boh vyzýva lídrov, aby úspešne dokončili beh života a znásobovali sa. Vzor Pavla a Timoteja potvrdzuje, že úlohou duchovného lídra je rozpoznať povolanie u druhých a pomáhať týmto jednotlivcom dostať sa z miesta, kde sa nachádzajú, tam, kde ich Boh chce mať.

Či už sa na *Spoločnú cestu* vydáte individuálne, alebo ako mentor a mentorovaný, v každom prípade zohráte dôležitú úlohu v procese rozvoja líderstva:

> *Keď Kristus povoláva lídrov do kresťanskej služby, má v úmysle rozvíjať ich plný potenciál. Každý z nás, kto je v líderstve, je zodpovedný za to, aby sa celý život naďalej rozvíjal v súlade s Božím procesom. Pokiaľ nebudeme*

svedkami neustáleho Božieho rozvoja, nebudeme schopní pomáhať iným rozvíjať ich líderské schopnosti.[2]

Keď sa vydáme po ceste k zrelosti a kráčame v povolaní, ktoré Boh dal do našich životov, nepochybne nastane vzájomný mentoring. Cesta k zrelosti a neustály rast zostávajú kľúčovými pre našu osobnú celistvosť v živote a v líderstve, čo hlboko ovplyvňuje schopnosť žiť a viesť správne a v konečnom dôsledku byť lídrami pre generáciu, ktorá prichádza po nás. Vzájomný mentoring navyše vytvára dostatočnú líniu lídrov pre tú-ktorú oblasť.

Sheryl Sandbergová, prevádzková riaditeľka spoločnosti Facebook, poukazuje na výnimočnú silu recipročných vzťahov medzi mentorom a mentorovaným:

Sociológovia a psychológovia si už dlho všímajú našu hlbokú túžbu byť súčasťou vzájomných interakcií. Skutočnosť, že ľudia cítia povinnosť oplatiť láskavosť, je zdokumentovaná prakticky vo všetkých spoločnostiach a je základom všetkých druhov sociálnych vzťahov. Vzťah medzi mentorom a mentorovaným nie je výnimkou. Ak sa realizuje správnym spôsobom, je prínosný pre každého.[3]

Sandbergová sa taktiež domnieva, že „rovesníci sa môžu takisto vzájomne mentorovať a podporovať."[4] Cieľom vzťahov medzi mentorom a mentorovaným je pestovanie kultúry tzv. kaskádových vzťahov, v ktorých jednotlivci preberajú zodpovednosť za svoje vlastné zdravie a celistvosť, ako aj za zdravie a celistvosť iných.

Hoci sú mentorské vzťahy a vytváranie líderských línií nevyhnutné pre budovanie cirkvi a šírenie evanjelia, pri zavádzaní takýchto metód sa často vyskytnú rôzne prekážky – napríklad u žien, najmä pokiaľ sa to týka cirkvi a pracoviska. Ľudia, ktorí vytvárajú služobnícke alebo líderské tímy, so sebou

---

2 Randy D. Reese a Robert Loane, *Deep Mentoring: Guiding Others on Their Leadership Journey* (Downers Grove IL: InterVarsity Press, 2012), 146.
3 Sheryl Sandberg, *Lean In: Women, Work, and the Will to Lead* (New York: Alfred A. Knopf, 2013), 69.
4 Sandberg, *Lean In*, 74.

prinášajú svoje vlastné kultúrne predsudky, normy, hodnoty, zvyky, historické naratívy aj vzorce správania.

> Ľudia, ktorí vytvárajú služobnícke alebo líderské tímy, so sebou prinášajú svoje vlastné kultúrne predsudky, normy, hodnoty, zvyky, historické naratívy aj vzorce správania.

Ďalej – pokiaľ ide o ženy a mužov v nejakom prostredí – sa jednotlivci môžu líšiť vo vnímaní „prirodzených" úloh mužov a žien. Sú otázky, ktoré môžu odhaliť faktory ovplyvňujúce pohľad na pohlavie, napríklad: Ako váš otec vnímal ženy v líderských pozíciách? Ako vaša mama vnímala ženy v líderských pozíciách? Boli ste svedkami toho, že by ženy aktívne zastávali líderské pozície vo vašom cirkevnom zbore alebo komunite? Rozdielne odpovede na tieto otázky často odrážajú rôzne názory týkajúce sa úloh mužov a žien v rámci spoločnosti.

Vo svojom článku s názvom „Čo sa deje, keď vidíme ženy vyučovať Bibliu" Sharon Hodde Millerová hovorí o svojej vlastnej skúsenosti:

> *Ako vysokoškolská študentka som bola zmätená, pokiaľ išlo o cirkev. Ženy väčšinou zastávali administratívne pozície. Dokonca aj v mojej vysokoškolskej paracirkevnej organizácii málokedy verejne vystupovala žena. Nevedela som, na koho sa obrátiť, keďže ženské vzory chýbali.*[5]

Uvádza, že svoj vlastný potenciál a povolanie si uvedomila, až keď sa zúčastnila na konferencii Passion (Vášeň) v Atlante, kde vystúpila Beth Moore na pódium a „hovorila mocne, kompetentne, presvedčivo a predovšetkým s pomazaním".[6]

---

[5] Sharon Hodde Millerová, "What Happens When We See Women Teach the Bible „, *Christianity Today*, http://www.christianitytoday.com/women/2015/january/what-happens-when-we-see-women-teach-bible.html.
[6] Miller, „ What Happens."

Po tejto skúsenosti sa Sharon vydala na cestu k získaniu titulu magistra teológie a PhD., aby bola pripravená na písanie a prednášanie.

Lori O'Dea súhlasí s myšlienkou, že ženy musia byť líderským vzorom pre ostatných. Keď Lori kázala na dievčenskom stretnutí, jedna z poradkýň sa opýtala dievčatka, ktoré plakalo pri oltári, ako sa zaň môže pomodliť. Dieťa jej odpovedalo, že je jednoducho užasnuté tým, že Boh povoláva aj dievčatá. O'Dea to vystihuje: „Skúsenosti v nás zanechávajú nezmazateľné lekcie. Ak ľudia nemajú príležitosť zažiť líderstvo ženy, pravdepodobne sa mu budú vyhýbať, alebo ešte horšie, odsúdia ho."[7] Mentoring ďalšej generácie žien v líderstve im otvorí nové možnosti líderských pozícií, čo pomôže zmeniť kultúrne normy a zbúrať predsudky, ktoré sú pre ženy prekážkami. Ak bude v líderských pozíciách viac žien, budeme svedkami zdravia a celistvosti v živote a líderstve.

Nadnárodná spoločnosť KPMG vydala *Štúdiu o líderstve žien*, ktorá odhaľuje konkrétne závery potvrdzujúce výhody včasného mentoringu žien:

Ženské vnímanie líderstva sa nezačína akademickým úspechom na vysokej škole, prípadne prvým veľkým úspechom alebo pri vymenovaní do vedúcej funkcie. Trajektória líderského postavenia žien sa začína oveľa skôr a je definovaná kľúčovými vplyvmi počas celého života.[8]

Táto štúdia identifikovala niekoľko kľúčových vecí, ktoré pomáhajú vytvárať a rozvíjať líniu ďalšej generácie líderiek. Patria medzi ne nasledovné: „ako sa u týchto žien vytváral vzťah k líderstvu počas ich dospievania; skúmanie ich sebavnímania v období dospievania a dnes; odkrývanie vlastností, ktoré sa spájajú s líderstvom; zisťovanie, kto ovplyvnil tieto ženy pri učení, ako uplatniť líderstvo v podnikaní; objavenie konkrétnych spôsobov, ako pomôcť väčšiemu množstvu žien postupovať do vedúcich pozícií."[9] Štúdia ďalej predpokladala, že je nevyhnutné, aby sa povedomie a rozvoj líderiek formovali už v ich ranom veku:

---

7 Lori O'Dea, „Is Leadership a Gender-Neutral Issue?" *Influence Magazine*, August-September 2015, 46.
8 KPMG, *Women's Leadership Study*, "Moving Women Forward into Leadership Roles," https://home.kpmg/content/dam/kpmg/ph/pdf/ThoughtLeadershipPublications/KPMGWomensLeadershipStudy.pdf.
9 KPMG, *Women's Leadership Study*.

Predstavte si mladé dievča – možno dcéru, neter alebo dievča z ulice. Je inteligentná. Je ambiciózna. Verí v seba a v svoje schopnosti. Od útleho veku túži viesť – inšpirovať ostatných k rastu a prekonávať očakávania, spraviť svet lepším. Keď však vyrastie, jej schopnosť viesť ovplyvnia dve veci: sebadôvera a prepojenia. Počas svojho života buď dostane to, čo potrebuje na vybudovanie týchto dvoch kľúčových zložiek líderstva, alebo to jednoducho nedostane.[10]

Ženy chcú byť v živote a v líderstve úspešné, ale často ich niečo brzdí. Na to, aby vznikla nová generácia líderiek, je nevyhnutný rozvoj mladých dievčat a vzdelávanie ďalších žien, ktoré by boli mentorkami a slúžili by ako vzory. Nejde len o samotné líderstvo, musí existovať cesta k jeho rozvoju. Zdraví a celiství lídri sú na tejto ceste usmerňovaní.

Zdraví a celiství lídri sú na tejto ceste usmerňovaní.

To, čo zlepšuje zdravie a prináša celistvosť v živote a v líderstve, sú tieto štyri faktory: rozvoj osobného líderstva, sila osobného príbehu, súbor zručností a sila vzájomnej prepojenosti – siete.

Ženy sú silnejšie, keď držia spolu; to platí obzvlášť vtedy, keď sa ženy spájajú medzigeneračne a učia sa jedna od druhej. Preklenovanie priepastí v generačnom líderstve je postavené na úspešnom odovzdávaní štafety líderstva. Ak však štafetový kolík vypadne, v líderstve sa objavia medzery a jeho rozvoj bude pre ženy nedostatočný. Rozpoznaním a mentorovaním líderiek, ktoré sa tešia zo svojho povolania, patria do zmysluplnej komunity, delia sa o svoje osobné príbehy, aby priniesli zmenu, sa táto komunita obohatí o ďalšie silné a schopné líderky.

---

10 KPMG, *Women's Leadership Study*.

KAPITOLA 1
NEVYHNUTNÉ CESTY

Pozdvihujem svoje oči k horám, odkiaľ prichádza moja pomoc. Moja
pomoc je od Hospodina, ktorý učinil nebesia i zem.
—Žalm 121, 1 – 2 (ROH)

Vždy sa cítim, akoby mi niečo prerástlo cez hlavu alebo akoby som bola medzi dvoma kameňmi. Priznajme si to, som enneagramová trojka (nadmerne výkonný človek). Rada si vravím, že štvrté krídlo mojej enneagramovej trojky tvorí oveľa jemnejšiu a vyrovnanejšiu časť mojej osobnosti, no ja sa neustále snažím nájsť rovnováhu medzi potrebou robiť viac a byť niekým viac.

Hľadanie rovnováhy je dôvod, pre ktorý nevyhnutné cesty tvoria neoddeliteľnú súčasť môjho života a líderstva. Čo mám na mysli, keď hovorím o *nevyhnutných cestách*? Je to cesta, ktorú je *nutné absolvovať*. Našťastie to celkom chápem, pretože moje enneagramové číslo tri spôsobuje, že milujem zoznamy úloh.

> Hľadanie rovnováhy je dôvod, pre ktorý nevyhnutné cesty tvoria neoddeliteľnú súčasť môjho života a líderstva.

Moja snaha o dokonalosť naberá na obrátkach, keď začínam odškrtávať položky zo svojho zoznamu. Dokonalý sen sa stáva blažene sladkým, pretože úspechy dňa pribúdajú. Potom sa ale vraciam do reality, kde je zoznam podstatne dlhší, než si myslím, prichádza nadmerná zaangažovanosť a potreba rovnováhy je niečo, s čím mi dokáže pomôcť len Boh prostredníctvom *nevyhnutných ciest*.

V roku 2012 bol môj manžel Frank zvolený do novej vedúcej pozície, ktorá si od nás vyžadovala zanechať úlohu hlavného pastora v cirkevnom zbore, ktorý sme dvadsať rokov veľmi milovali. Tento prechod bol pre mňa ťažký. Pracovala som ako pastorka v tíme lídrov a viedla som uctievanie, chvály, písala som, tvorila vízie pre ženy a vychovávala dve deti v spoločenstve, ktoré sme nazývali domovom.

Keď sme sa po dvadsiatich rokoch odsťahovali z nášho domova a zo všetkých spomienok, ukázalo sa, že prechod do nového obdobia života bude pre mňa ťažký. Okamžite som vymazala každé stretnutie zo svojho kalendára. Počas nasledujúcich dní som si uvedomila, že to, čo som robila, tvorilo moju identitu. Kládla som si otázky: „Ak v nedeľu nevediem chvály, kto potom vlastne som?" Stala som sa totiž závislou od pochvaly ľudí, ktorí mi hovorili: „To bolo fakt super!"

Vo svojom živote som prešla aj inými nevyhnutnými cestami, keď som napríklad niekoľko rokov bojovala s depresiou, no to bolo iné. Akosi som si bola vedomá toho, že sa vydávam na ďalšiu cestu, ktorá ma privedie na miesto, kde ma Boh požiada o to, aby som sa úplne oslobodila od všetkých vecí, a kde mu budem úplne dôverovať tak ako ešte nikdy predtým.

Keď som sa snažila usadiť v našom novom domove, v prázdnom hniezde (náš najmladší syn totiž ukončil štúdium niekoľko týždňov predtým), vyrovnať sa so stratou práce/služby, ktorú som milovala, a včleniť sa do nového spoločenstva, cítila som, ako sa špirálovito rútim nadol. No táto cesta bola iná než akákoľvek predtým. Akoby som už vopred vedela, kam ma toto putovanie na vrchol hory zavedie. Zachytila som šepot Svätého Ducha – pripomínal mi, že to bolo *nevyhnutné* na to, aby som dokázala vystúpiť na horu.

Asi desať mesiacov po sťahovaní sa náš syn oženil. Keď som si pozerala fotografie, všimla som si, že môj krk vyzerá o čosi väčší ako zvyčajne. Pomyslela som si: *Ako je možné, že som si to nevšimla skôr?* Pozorovala som sa a uvedomila si, že na sebe cítim niečo, čo tam nepatrí.

Nasledujúce mesiace to boli samé návštevy lekárov, ultrazvukové vyšetrenia a biopsie. Povedali mi, že na štítnej žľaze mám osem nádorov. Jeden bol veľký ako golfová loptička. Dozvedeli sme sa, že biopsia bola negatívna, bez známok zhubnej rakoviny, takže som nepotrebovala ani operáciu. Napriek tomu všetkému som hlboko vo svojom vnútri cítila, že niečo stále nie je v poriadku. Obrátila som sa na endokrinológa a zistila som, že starí rodičia z otcovej aj maminej strany mali strumu na štítnej žľaze a museli podstúpiť operáciu. Vzhľadom na pozitívnu rodinnú anamnézu sme sa rozhodli, že bude lepšie radšej chirurgicky odstrániť všetky nádory a aj celú štítnu žľazu, než bude neskoro.

Keď som po operácii prišla na kontrolné vyšetrenie k chirurgovi, cítila som sa dobre. Myslela som si, že mi len skontroluje ranu a všetko pôjde ďalej tak ako predtým. No namiesto toho, keď vošiel do miestnosti, povedal: „Chcete počuť najprv dobrú správu alebo tú zlú?" Bola som ohromená a pomyslela som si: Aké zlé správy by to len mohli byť? Oznámil mi, že mám rakovinu (to bola tá zlá správa). Dobrou správou bolo, že som sa rozhodla správne a riadila sa svojím pocitom, požiadala som o ďalší odborný názor a následne podstúpila operáciu. Prvotná biopsia tenkou ihlou totižto vyšetrila len veľký nádorový útvar, ale biopsia počas chirurgického zákroku odhalila rakovinu štítnej žľazy, nielen neškodné nádory.

Asi mesiac po operácii štítnej žľazy som chcela stráviť Vianoce so svojou rodinou v dome mojich rodičov. Nikto však vtedy ani len netušil, že o šesť mesiacov neskôr, 1. júla 2014 môj najstarší brat tragicky zahynie v Indii počas zliezania Himalájskych hôr, kde sa chcel podeliť o evanjelium s ľuďmi, ktorí ho ešte nepočuli. Neskôr, v septembri 2018 mi pri rutinnom vyšetrení zistili rakovinu prsníka. Hoci prognóza je dobrá a Boh je verný na každej ceste, súčasťou môjho života sa stalo množstvo testov, liekov a návštev onkológa.

Žiaľ, takéto *nevyhnutné cesty* neboli pre mňa ani príjemné, ani vysnívané. S dvoma diagnózami rakoviny, smútkom, zmenami a depresiou sa zamýšľam nad tým, koľko ďalších ciest, ktoré je *nutné vykonať*, budem musieť ešte absolvovať.

Zistila som, že duchovná formácia, ktorá sa deje na nevyhnutných cestách, nás vie oslobodiť od závislosti od seba a druhých ľudí, čo nás posúva k tomu, aby sme sa zamerali na jediný zdroj, na ktorý sa v skutočnosti môžeme spoľahnúť – na Boha. Počas obdobia nevyhnutných ciest totiž dochádza v našich srdciach k hlbšiemu a bohatšiemu pochopeniu Boha.

Počas obdobia **nevyhnutných ciest** totiž dochádza v našich srdciach k hlbšiemu a bohatšiemu pochopeniu Boha.

Pri premýšľaní o skutočných horách (ako je tá v Indii, na ktorej zomrel môj brat) sa potrebujem zároveň vysporiadať s duchovnými horami *na ceste, ktorou je nutné prejsť*. Duchovné hory, na ktoré vystupujeme, prinášajú nádej a vieru na ťažko dostupných miestach. Žalmy 120 až 134 sú o výstupe. Uctievači spievali piesne o výstupe, keď každoročne putovali do Jeruzalema pri príležitosti sviatkov. Bola to ich *nevyhnutná cesta*.

V starozákonnej židovskej tradícii rituál spievania piesní o výstupe počas dlhej cesty do Jeruzalema symbolizoval blízkosť k Bohu: hostinu, obety, Archu zmluvy a Svätyňu svätých. Keď opúšťali egyptskú púšť, vystupovali do mesta Jeruzalem a pritom si spievali.

Keď stúpali smerom nahor, nevyhnutá cesta so sebou priniesla pieseň Žalmu 121:

1 Pozdvihujem svoje oči k horám, odkiaľ prichádza moja pomoc.
2 Moja pomoc je od Hospodina, ktorý učinil nebesia i zem.
3 Nedopustí, aby sa pohla tvoja noha; nedrieme tvoj strážca!
4 Hľa, nedrieme a nespí ten, ktorý ostríha Izraela.
5 Hospodin je tvojím strážcom. Hospodin tvojou tôňou po tvojej pravej ruke.
6 Nebude ťa biť vodne slnko ani mesiac v noci.
7 Hospodin ťa bude ostríhať od všetkého zlého; bude ostríhať tvoju dušu.
8 Hospodin ťa bude ostríhať, keď budeš vychádzať i vchádzať odteraz až na veky.

Preto, moji drahí, keď sa vydávame na nevyhnutné cesty, pripomínajme si, že:

„1 Pozdvihujem svoje oči k horám, odkiaľ prichádza moja pomoc.
2 Moja pomoc je od Hospodina, ktorý učinil nebesia i zem."
(Žalm 121, 1 – 2, ROH)

Otázky na zamyslenie:

1) Dokážete identifikovať nevyhnutné cesty, ktoré ste už absolvovali?
2) Čo vás brzdí v tom, aby ste sa vydali na nevyhnutnú cestu?
3) Čo vás na tejto ceste nadchýna?

KAPITOLA 2
BOH ŤA ČAKÁ NA TVOJEJ HORE

Neboj sa, lebo som ťa vykúpil: povolal som ťa tvojím menom; môj si ty! Keď pôjdeš cez vodu, budem s tebou, a keď cez rieky, nezatopia ťa; keď pôjdeš cez oheň, nepopáliš sa, a plameň sa ťa nechytí. Lebo ja Hospodin, tvoj Boh, Svätý Izraelov, som tvoj Spasiteľ.
—Iz 43, 1 – 3 (ROH)

Pred niekoľkými rokmi som sa zúčastnila na duchovných modlitebných cvičeniach pre ženy líderky. Na konci úvodnej sekcie nás osoba, ktorá viedla stretnutie, povzbudila k tomu, aby sme si našli svoje miesto na kontemplatívnu modlitbu a načúvanie. Ja rada sedávam na zemi. Keď som bližšie k zemi, cítim, že som bližšie k Bohu. Dlho som sedela na zemi a pritom som jednoducho načúvala, naladila som svoje srdce a uši, aby som počula to, čo mi Svätý Duch chce v tej chvíli položiť na srdce. Zdalo sa mi, že prešlo veľa času, kým som začala vnímať, že si mám vziať do ruky Bibliu, zápisník a pero. Povedala by som, že Svätý Duch sa chcel so mnou podeliť o nejaké posolstvo.

Zatiaľ čo som načúvala, otvorila som si Žalm 68, 11, kde sa pre mňa objavil úplne nový verš: „Pán prikázal hovoriť a veľký je zástup zvestovateliek víťazstva."(EKU) [11] Pomyslela som si: *Kde bolo toto Slovo po celý môj doterajší život?* To, čo nasledovalo, je pre Boží plán a povolanie v mojom živote takisto dôležité. V modlitbe som totiž počula: *Boh pripravuje mocnú armádu žien, ktoré sú plné Ducha: bojovníčky, prorokyne, uctievateľky, ohlasovateľky, darkyne milosti, budovateľky mostov, darkyne radosti, obnovovateľky nádeje, ženy snov a vízií, apoštolky a podnikateľky (ženy, ktoré budú vytvárať nové veci).*

Keď som si prezerala zoznam toho, ako by mala táto mocná armáda žien vyzerať, modlila som sa zároveň za to, čo by to malo znamenať pre mňa. Keď som potom začala verejne hovoriť na rôznych miestach, delila som sa o príbeh z tohto modlitebného stretnutia a modlila som sa za ženy. Boh v tom pokračuje a buduje mocnú armádu žien plnú Ducha. Boh nás vyzýva, aby sme otvorili svoje srdcia, oči a uši pre talentované a nadané ženy okolo nás – v rodinách, cirkvách a spoločenstvách.

Aj ty si súčasťou tejto mocnej armády. Boh ťa stvoril jedinečnú na to, aby si spravila niečo, čo by som ja nikdy nedokázala spraviť, aby si sa dostala niekam, kam sa ja nikdy nedostanem.

Prečo ti rozprávam tento príbeh? Aj ty si súčasťou tejto mocnej armády. Boh ťa stvoril jedinečnú na to, aby si spravila niečo, čo by som ja nikdy nedokázala spraviť, aby si sa dostala tam, kam sa ja nikdy nedostanem. Boh ťa vybavil

---

[11] Všetky citáty z Písma, ak nie je uvedené inak, sú zo Slovenského ekumenického prekladu, 2017

a zmocnil s určitým zámerom a plánom; preto „tvojou najhlbšou túžbou by mal byť život s Bohom, stať sa takou osobou, akou ťa Boh stvoril, na to, aby si pomohla Božiemu svetu prekvitať."¹²

To prekvitanie však nenastane bez toho, aby sme Boha neprosili o svoju horu. Keď prosíme o to, aby si nás Boží Duch použil, zároveň pozývame riziko, bolesť a neznáme veci do svojho života, aby nás menili. K rastu dochádza vtedy, keď nás On postrčí, aby sme sa vzdialili od svojho pohodlného miesta a vykročili do neznáma alebo začali stúpať na horu.

Keď Mojžiš vyslal dvanástich vyzvedačov, aby preskúmali krajinu, Jozue a Kaleb boli jediní dvaja, ktorí sa vrátili plní viery a povedali: „Dokážeme to!" Ostatných desať bolo pripravených vrátiť sa do Egypta a stať sa opäť otrokmi. Po tejto výprave s cieľom preskúmať krajinu žil Kaleb ešte dlhý a plnohodnotný život. V starobe vystúpil na mnohé hory, a keďže „celé jeho pokolenie vymrelo, musel si už ako starší muž vytvoriť úplne nový okruh priateľov. Stal sa mentorom, sprievodcom a povzbudzoval novú generáciu a robil to až do takej miery, že všetci chceli od osemdesiatpäťročného Kaleba, aby ich opäť viedol, keď vojdú do hornatej krajiny."¹³

Kým sa odhodláme vykročiť na nové miesto alebo začať odznova, Boh bude čakať na tvojej hore; avšak „tvoja hora nebude vyzerať rovnako ako hora niekoho iného." Často ju však rozpoznáš, pretože leží na križovatke výziev, ktoré mieria na tvoje najsilnejšie stránky, a potrieb, ktoré odrážajú tvoje najhlbšie vášne."¹⁴ Na naše hory nevystupujeme samy, ale v spoločenstve sestier, ktoré sa navzájom povzbudzujú.

Pred začatím individuálnej a spoločnej cesty vás prosím, aby ste si vyhradili čas na dvanásťhodinové modlitebné ústranie s cieľom načúvať a odpočívať. Podiela

---

12 John Ortberg, *The Me I Want to Be: Becoming God's Best Version of You* (Grand Rapids, MI: Zondervan, 2010), 254.
13 Ortberg, *The Me I Want to Be*, 250.
14 Ortberg, *The Me I Want to Be*, 252.

som sa s vami o výsledok jedného svojho modlitebného ústrania, počas ktorého som načúvala (Žalm 68, 11), takže aj vy môžete očakávať, že k vám Boh prehovorí. Osobné modlitebné cvičenia neboli v mojom živote bežnými, až kým som pred niekoľkými rokmi neabsolvovala jednoročný kurz pre lídrov s Aliciou Chole. V januári 2015 sa mentorovaná skupina stretla v Rivendelle v Bransone v štáte Missouri na trojdňové intenzívne modlitebné cvičenia. Prvý deň bol pre mňa katastrofálny, pretože moja myseľ bola stále orientovaná len na plnenie úloh, blúdila sem a tam od Boha naspäť k môjmu zoznamu úloh a povinností. Na druhý deň, potom čo som uznala v rámci skupiny svoju porážku, som sa rozhodla, že začnem odznova. Výsledok vyústil do nádherného času investovaného do blízkosti s Ježišom. Odvtedy pravidelne praktizujem takéto modlitebné ústrania na svojej ceste životom a líderstvom.

Alicia Britt Chole vo svojej knihe *Ready Set Rest: The Practice of Prayer Retreating* (Pripravený na odpočinok. Prax modlitby v ústraní) uvádza:

„Keď som prvýkrát začala s praktizovaním modlitebného ústrania, považovala som to za luxus. Tento Ježišom inšpirovaný zvyk venovať zámerne dlhší čas modlitbe si teraz strážim. Predstavte si, ach, len si predstavte, ako by mohla generácia lídrov ovplyvniť budúcnosť, ak by ich verejné vystupovanie bolo pevne ukotvené v duchovnom odpočinku."[15]

Ďalšou formou duchovných cvičení je sabat, čas odpočinku. Odpočinok počas sabatu hodnotím ako „životodarný". Niekedy je počas môjho sabatu a modlitebných ústraní práve oddych to, čo potrebujem zo všetkého najviac. Vtedy tou najduchovnejšou vecou, ktorú môžem urobiť, je zdriemnuť si.

Dni sabatu, času na odpočinok, u mňa často vyústia do tvorivej činnosti, akou je napr. zreštaurovanie nejakého kusu nábytku alebo výzdoba niektorej z miestností v mojom dome. Inokedy sa vyberiem na bicykel, na túru alebo sa

---

15 Alicia Britt Chole, *Ready Set Rest: The Practice of Prayer Retreating* (Rogersville, MO: Onewholeworld, 2014), 44.

prechádzam po pláži. Kľúčom k úspechu je vyčleniť si čas na modlitbu, načúvanie a čítanie Biblie, robiť niečo, čo občerství vašu dušu životom.

Spoločná cesta na vrch hory

Keď premýšľam o rokoch svojej služby od biblickej vysokej školy až po súčasnosť, myslím na veci, ktoré si vyžaduje rušný život lídra a výchova rodiny. Výrazy ako *starostlivosť o dušu*, *duchovné cvičenia* a *obnova* boli v mojom slovníku neznáme. Až po dvadsiatich ôsmich rokoch služby a prechode z miestneho zboru k zodpovednosti za oblastné vedenie som si uvedomila nezdravý stav svojej duše a motívy svojej služby. Keď prišlo toto nové obdobie, očakávania od služby boli zrazu na ramenách môjho manžela, čo umožnilo, aby som tvárou v tvár čelila stavu svojej duše.

Dva roky prechodu na novú pozíciu lídra, diagnóza rakoviny, strata môjho brata – jednoducho som sa potácala. Rozhodla som sa investovať do ročnej mentoringovej skupiny s Aliciou Chole, vrátiť sa do školy a získať magisterský titul. Tieto dva prúdy nového smerovania a štúdia ma otvorili myšlienke na modlitebné ústrania a sabat. Počas jedného z modlitbných ústraní som si so sebou vzala knihu, *The Greatest Gift* (Najväčší dar) od Ann Voskamp, ktorá mi poskytla nový pohľad na to, čo je skutočne dôležité:

> „*Podstatné nikdy nie je to, čo už nie je. Podstatnou časťou nikdy nie je spílená časť stromu. Nejde o to, aký sen padol alebo aká nádej bola stratená či aká časť srdca bola vyrezaná. Ide jednoducho o to – že máme strom.*"[16]

Boh mi pripomenul, že by som sa mohla podrobne venovať zrezaným častiam stromu, bolesti a jej koreňom, alebo si uvedomím, že mi stále zostáva strom. Vyzval ma, aby som rozmýšľala nad službou v minulosti a aktuálnou službou ako nad stromom. Na mojej ceste sú rôzne stromy. Som si vedomá tých neplodných, novo kvitnúcich stromov, stromov plných ovocia a stromov, ktoré

---

16 Ann Voskamp, T*he Greatest Gift: Unwrapping the Full Love Story of Christmas* (Carol Stream, IL: Tyndale, 2013), 4.

menia sfarbenie. Cyklus ročných období sa prelína v mnohých aspektoch služby. Existencia každého z tých stromov má stále zmysel, bez ohľadu na to, či je strom neplodný alebo či jeho kvety prinášajú množstvo plodov. V mlčaní a potichu plačúc som dovolila, aby tento pokoj vstúpil do môjho ducha.

> Boh mi pripomenul, že by som sa mohla podrobne venovať zrezaným častiam stromu, bolesti a jej koreňom, alebo si uvedomím, že mi stále zostáva strom.

Počas tohto nového obdobia sa môj strom nezdal byť ani mohutným, ani bohatým. Bolo to obdobie bez úrody, musela som sa mnohých vecí vzdať a môjmu stromu opadalo lístie. Strom mojej služby len tak v zime bez plodov postával, bol pripomienkou mojej depresie, rakoviny a smútku. Tento strom takto neplodne stál tri roky, aby som nakoniec zomrela sebe samej, svojim veľkým očakávaniam, svojej orientácii na výkon a plnenie úloh.

Na duchovných cestách však zima netrvá večne. Prichádza jar a s ňou sa objavia nové kvety – a taká je moja súčasná cesta služby. Je tu nové ročné obdobie a všade, kam sa vydám, sa objavujú nové miesta určené na výsadbu.

Silný odkaz toho nesú Žalmy 1 a 139: „Obkľučuješ ma zo všetkých strán, svoju ruku kladieš na mňa. 6 Žasnem nad tvojím poznaním, je privysoko, nedosiahnem ho. (Ž 139, 5 – 6). (EKU) Žalm 1, 3 hovorí: „Bude ako strom zasadený pri vodných tokoch, čo úrodu dáva vo svojom čase, jeho lístie nevädne a všetko, čo robí, darí sa mu." Tieto dva citáty z Písma hovoria o rovnováhe medzi produktivitou, starostlivosťou o dušu a starostlivosťou o seba. Modlitba, odpočinok a relaxácia zostávajú životne dôležité pre život lídra spolu s dôrazom na starostlivosť o telo, dušu a myseľ.

BOH ŤA ČAKÁ NA TVOJEJ HORE 43

Tieto pravdy ilustruje aj Ježišov život, ako je zaznamenaný v Lukášovi 5, 15 – 16: „Chýr o ňom sa šíril viac a viac. Schádzali sa celé zástupy, aby ho počúvali a dali sa uzdraviť zo svojich neduhov. 16 On sa však utiahol na osamelé miesto a tam sa modlil." Opakom zlomenosti je, samozrejme, celistvosť. Peter Scazzero pozoruje a konštatuje, aký vplyv má osobná celistvosť na líderstvo:

Ak sa oddáme hľadaniu nasledovníkov Krista, pričom ignorujeme svoje vlastné emocionálne a duchovné zdravie, naše líderstvo bude prinajlepšom krátkozraké. V horšom prípade budeme nedbalí, budeme zbytočne ubližovať druhým a podkopávať Božiu túžbu rozširovať jeho kráľovstvo skrze nás.[17]

Preto je nevyhnutné, aby sme udržiavali zdravé prepojenie s Bohom, sebou samými a ostatnými.

V knihe *A Hidden Wholeness: The Journey Toward an Undivided Life* (Skrytá celistvosť: Cesta k nerozdelenému životu) Parker Palmer používa analógiu snehovej búrky, aby vysvetlil chaos života a prepojenia súvisiace s prežitím našej duše. Hovorí, že počas snehovej búrky by farmári uviazali lano od zadných dverí domu k dverám na stodole, aby sa nestratili a v bielej tme nezablúdili a nezmrzli.

Takto je to aj s chaosom života a starostlivosťou o našu dušu. Musíme si uviazať lano medzi našou dušou a Bohom, medzi našou dušou a ostatnými, aby sme mohli prežiť v snehovej búrke:

Keď zazrieme svoju dušu, môžeme prispievať k uzdraveniu zraneného sveta – rodiny, susedstva, pracoviska a politického života – sme totiž povolaní späť k svojej „skrytej celistvosti", a to aj uprostred silnej búrky.[18]

Na konci Mojžišovho života, počas jednej z jeho posledných výprav, ho vidíme na najvyššom vrchu na hore Nebo, kam ho Boh viedol, aby preskúmal zasľúbenú

---

[17] Peter Scazzero, "The Emotionally Healthy Leader," *Influence Magazine*, December 2015 – January 2016, 41, 42.
[18] Parker J. Palmer, *A Hidden Wholeness: The Journey Toward an Undivided Life* (San Francisco: Jossey-Bass, 2004), 43.

zem poslednýkrát. Písmo hovorí, že mal 120 rokov, ale prekypoval vitalitou (Dt 34, 7). Stále dokázal liezť na hory.

Prečo by som mala hovoriť o konci, keď sme ešte len na začiatku našej spoločnej cesty? Často si myslíme, že dobrý koniec sa výlučne spája len s koncom cesty. Úspešné zavŕšenie životnej cesty sa však odvíja od našej schopnosti duchovne zliezať hory: „V živote nejde o pohodlie. Práve naopak, mali by sme prosiť: ,Bože, ukáž mi ďalší vrch'."[19]

> Žime dobrodružstvo, ktoré Boh
> pre nás naplánoval, a prekvitajme
> v živote a líderstve.

Žime dobrodružstvo, ktoré pre nás Boh naplánoval, a prekvitajme v živote a líderstve. Počas svojej cesty na horu nie ste sami. Kráčame všetci spolu ako skupina prieskumníkov pripravených na to, čo Boh pripravil pre každého z nás. Najlepšie na tom však je, že na tvojej hore na teba čaká Boh. Nenechá ťa ísť tou cestou osamote, ale bude po celý čas kráčať vedľa teba.

---

19 Ortberg, *The Me I Want to Be*, 252.

PRVÁ ČASŤ

NAŠE VNÚTORNÉ JA: SILA VNÚTORNEJ ANALÝZY

Nado všetko, čo treba strážiť, stráž svoje srdce, lebo z neho pochádza život.
—Príslovia 4, 3 (ROH)

Vitajte pri prvom základovom pilieri na našej *Spoločnej ceste* – Naše vnútorné ja – Sila vnútornej analýzy. Odporúčam vám, aby ste sa vydali na cestu prostredníctvom tejto knihy pomaly. Nie je to niečo, čo by ste mali prechádzať narýchlo; každý základový pilier a pridané cvičenia alebo otázky sú premyslené tak, aby priniesli želané výsledky. Knihu používajte buď individuálne, alebo v rámci skupiny.

Prvé dva základové piliere vám pomôžu zadefinovať a posúdiť vaše vlastné vnútro. Cesta od vášho vnútorného ja bude smerovať navonok k spoločenstvu – k sile osobného príbehu. Oba aspekty dvoch základových pilierov podporujú duchovnú formáciu – „proces, ktorým sa formuje vaše vnútorné ja a charakter."[20]

Máte vnútorné ja a vonkajšie ja. Vonkajšie ja je ovplyvnené stravovaním, pitím, cvičením, spánkom a tým, ako žijete. Vnútorné ja (duch) sa týka vášho charakteru, vôle, myšlienok a túžob. Je formované tým, čo vidíte, čítate, myslíte si,

---
20 Ortberg, *The Me I Want to Be*, 29.

počujete a robíte. Svoj vnútorný život si vytvárate bez ohľadu na to, či ho niečím živíte alebo ho úplne zanedbávate.

Som presvedčená, že vás Boh stvoril, aby ste prekvitali.

Som presvedčená, že vás Boh stvoril, aby ste prekvitali, „aby ste prijímali život zvonku, z vonkajšieho sveta, aby ste v sebe živili vitalitu a dávali požehnanie mimo seba. Prekvitanie je Boží dar a plán, a keď prekvitáte, ste v harmónii s Bohom, inými ľuďmi, stvorenstvom a sebou samým."[21] Boh nezmení to, kým ste. On však urobí lepšiu verziu vás samých.

Pri základovom pilieri – vnútornom ja – absolvujete aspoň dva osobnostné testy, ktoré vám pomôžu pochopiť, kým ste, a zamyslieť sa nad mnohými vplyvmi, ktoré formujú vaše jedinečné ja. Cieľom je zodpovedať otázku, ktorú si kladie každý nasledovník Krista: „Kto som?", a dokázať, že na tom, kto sme, záleží oveľa viac ako na tom, čo robíme.[22]

Budete taktiež tráviť čas premýšľaním o stave svojej duše a odpovedať na otázku: „Ako sa má moja duša?" Zistíte, že svoj Bohom daný potenciál môžete dosiahnuť len vtedy, keď si budete všímať svoju dušu a budete sa starať o svoje vnútorné „ja" (ducha). Prostredníctvom riadených aktivít uvidíte, že duša je miestom, kde prebýva vaše skutočné ja.

Keď budeme k sebe úprimní a umožníme otázkam a pohnutiam duše, aby nás usmerňovali, budeme rásť. Rozvíjanie tohto procesu nám pomôže udržiavať celistvosť v živote a v líderstve.

Budete postupne zisťovať, čo je pre vás životodarné, čo je Božia milosť, Božia láska a Boží pokoj. Piata kapitola predstavuje jednu z najdôležitejších v tejto

---

21 Ortberg, *The Me I Want to Be*, 14
22 Reese and Loane, *Deep Mentoring*, 49.

knihe. Ťažkosti, ktoré prináša život a líderstvo, si vyžadujú pohľad z neba – aby sme pochopili milosť a moc, ktorú nám nebo dáva na prijatie Božej lásky a Božieho pokoja.

> Ťažkosti, ktoré prináša život a líderstvo, si vyžadujú pohľad z neba – aby sme pochopili milosť a moc, ktorú nám nebo dáva na prijatie Božej lásky a Božieho pokoja.

Na konci tejto *Spoločnej cesty* si vytvoríte vlastné prehlásenie o vízii a hodnotách pre svoju osobnú a lídersku cestu. Viac o tom, ako k nemu pristupovať, vám vysvetlím neskôr, ale už teraz začnite premýšľať a venujte pozornosť rôznym veciam, ktoré o sebe pri jednotlivých základových pilieroch zistíte, a zapisujte si ich do denníka alebo do poznámok v telefóne.

Líderstvo a vy nie sú dve rôzne entity. Ste vaším líderstvom – vaše vnútorné a vonkajšie ja. To, čo prinášate svetu, je vaša jedinečnosť. Cesta k tomu, aby som sa stala najlepšou verziou samej seba, je nepretržitá a neustála. Taká bude aj tvoja cesta, drahá priateľka.

Keďže začínate s týmto prvým základovým pilierom, pripojila som niekoľko dodatočných návrhov na vylepšenie samotného základu. Tieto návrhy, tzv. rytmy majú predstavovať *Aplikáciu do života*. Ide o *vyjadrenia duše, vyjadrenia vedomia, vyjadrenia srdca* a *tvorivé vyjadrenie* a sú určené pre rôznych jednotlivcov a na to, aby nám pomohli čo najlepšie porozumieť materiálu, ktorý študujeme. Ak ste v jadre kontemplatívni, pre vás môže byť najlepšie *vyjadrenie duše*, ktoré vám pomôže hlbšie preskúmať a pochopiť základ vášho jadra – vnútorného ja.

Vyjadrenie vedomia oslavuje mysliteľa a výskumníka – tú časť, ktorá túži vidieť dôkazy na papieri. *Vyjadrenie srdca* je navrhnuté tak, aby hovorilo k jadru toho, na čom záleží, a *tvorivé vyjadrenie* je určené pre tých, ktorí sú umelecky založení.

Hoci si môžete vybrať, ktoré z nich chcete absolvovať, odporúčam, aby ste pri základovom pilieri číslo 1, vnútornom ja, nevynechali modlitebné ústranie a test osobnosti.

Pridala som aj jeden tip na knihu, ktorú si môžete prečítať, keď sa budete hlbšie zaoberať štúdiom vášho vnútorného ja a dôležitosťou vnútornej analýzy duše.

Vyhodnotenie vnútorného ja

- Lepšie pochopenie svojho vnútorného ja (ducha) a jeho vzťahu k Bohu, sebe samému a ostatným.
- Hlbšie uvedomenie si svojho vnútorného ja (ducha) a tiež toho, keď veci nie sú v súlade s Bohom.
- Sebadisciplína s cieľom zlepšenia starostlivosti o seba samu, napr. týždenný sabat, cvičenie alebo zdravší stravovací plán, vyhradiť si čas na životodarné osvieženie.

Aplikácia do života – Naše vnútorné ja

Tab. 1 Prvý pilier: naše vnútorné ja

NAŠE VNÚTORNÉ JA	NAŠE VNÚTORNÉ JA	NAŠE VNÚTORNÉ JA	NAŠE VNÚTORNÉ JA
Vyjadrenie duše	Vyjadrenie vedomia	Vyjadrenie srdca	Tvorivé vyjadrenie
Začnite zavádzať sabat/odpočinok do svojej rutiny. Ako by to mohlo u vás vyzerať? Absolvujte duchovné modlitebné ústranie. Bolo by skvelé, ak by ste si naň dokázali vyhradiť 24 hodín! Ak nie, vyčleňte si aspoň 8-hodinový neprerušovaný časový rámec. Použite zápisník a pero, notebook alebo telefón na zaznamenanie dôležitých myšlienok, ktoré vám napadnú. Nezabudnite si zapísať, čo o vás Duch odhaľuje – o vašom vnútornom a vonkajšom ja. Vyhodnoťte, čo vám prináša život (príloha A), a potom si vyberte jednu vec a spravte niečo životodarné. Využite tento deň naplno a vychutnajte si slobodu a oddych od práce a povinností lídra. Nápady sú nekonečné!	Spravte si dva z online osobnostných testov. Testy sú bezplatné, stačí otvoriť tieto odkazy: www.personalitypathways.com www.16personalities.com/ freepersonality-test www.humanmetrics.com/cgi-win/jtypes2.asp www.onlinepersonalitytests.org/disc www.enneagraminstitute.com www.truity.com/test/enneagram-personality-test Výsledky si prejdite s niekým blízkym, aby ste zistili, či presne zodpovedajú vášmu skutočnému ja. Budeme o tom viac diskutovať aj na našich skupinových a individuálnych mentorských stretnutiach. Urobte si čas na to, aby ste sa zamysleli nad svojím zdravším ja. Aké kroky môžete podniknúť na vytvorenie plánu? Možností je veľa, napr.: 20- až 30-minútová prechádzka, vyradenie cukru zo stravy (toto je pre mňa ťažké) alebo prestávka od sociálnych médií. Toto je len niekoľko príkladov.	Nájdite si čas na premýšľanie a odpovedzte na otázky z materiálu Pracovný list k sebadisciplíne a starostlivosti o seba[23] (príloha B). Vo voľnom čase si vyberte jedno, dve alebo tri cvičenia, ktoré chcete dokončiť. Každý deň si vyberte jeden z úryvkov Písma zo zdroja *Kto som*, čítajte si ho a modlite sa. (Príloha C)	Vyberte si úryvok z Písma alebo Slovo, ktoré bolo pre vás počas tejto cesty k vášmu vnútornému ja dôležité. Zájdite do obchodu s umeleckými potrebami, zakúpte si plátno, farby alebo ceruzky a vytvorte obraz so Slovom, textom z Písma alebo vizuálom, ktorý odráža tento základový pilier. Umiestnite obraz na miesto, kde ho môžete každý deň vidieť ako pripomenutie toho, čo vo vás Boh robí.

---

23 Adele Ahlberg Calhoun, *Spiritual Disciplines Handbook: Practices That Transform Us* (Downers Grove, IL: InterVarsity Press, 2005), 72, 73.

Tip na knihu o našom vnútornom ja

Barton, Ruth Haley. *Strengthening the Soul of Your Leadership: Seeking God in the Crucible of Ministry*. Downers Grove, IL: InterVarsity Press, 2008.

KAPITOLA 3
AKO SA MÁ TVOJA DUŠA?

Veď čo osoží človeku, keby celý svet získal a samého seba by stratil či poškodil?
—Lukáš 9, 25

Cesta mentorovania lídrov sa musí začať pochopením dôležitosti toho, že sme strážcami svojej duše. Ako malé deti sme sa modlievali túto modlitbu: „Pane, teraz idem spať a prosím ťa – ochraňuj moju dušu." Modlitba ďalej pokračuje učením, že naša duša pôjde buď do neba, alebo do pekla. Hoci je to pravda, význam našej duše je oveľa väčší.

Raní Wesleyovci absolvovali modlitebné stretnutia v malých skupinkách. Na začiatku každého stretnutia si položili dôležitú otázku: „Ako sa má tvoja duša?" Obyčajne sa zvykneme druhých pýtať: „Ako sa máš?" Táto otázka sa však dá ľahko odbiť formálnou odpoveďou.

My lídri sa často vyhýbame ľuďom, ktorí nám na otázku „Ako sa máš?" dávajú zdĺhavú odpoveď. Avšak otázka „Ako sa má tvoja duša?" nás podnecuje k aktívnemu a pravdivému skúmaniu našej duše. Človek sa takejto otázke ani odpovedi nemôže len tak ľahko vyhnúť.

Tí, ktorí sme v líderskom postavení, väčšinou dúfame, že naša duša je v dobrom stave a je zdravá, no v skutočnosti – aj keď to celkom v pohode zvládame – vidíme, že ostatní okolo nás veci pre obrovské tlaky vzdávajú. Vidíme, ako sú naši priatelia preťažení, pod obrovským tlakom zo strany rodiny, majú zlomené srdcia zo služby, pomýlené priority a tlačí ich aj množstvo práce a nedostatok odpočinku:

Ako by to asi vyzeralo, keby som viedla ľudí z hĺbky svojej duše – z miesta svojho pravidelného stretávania sa s Bohom – namiesto toho, aby som ich primárne viedla len zo svojej hlavy, prehnanej aktivity alebo zamerania sa na výkon? Aké by to bolo, keby som v kontexte svojho líderstva Boha nachádzala a nie ho strácala? Oduševnený líder venuje pozornosť takýmto signálom zvnútra a otázkam, ktoré so sebou prinášajú, namiesto toho, aby ich ignoroval a naďalej pokračoval v šarapate alebo by padol do víru sebaodsudzovania. Duchovné líderstvo vyviera z ochoty zotrvávať v kontakte so svojou vlastnou dušou – tam, kde koná Boží Duch, ktorý roznecuje naše najhlbšie túžby a vzbudzuje v nás otázky s jediným cieľom: vtiahnuť nás do bližšieho a hlbšieho vzťahu s ním.[24]

Duševný život vyžaduje aktívnu
ostražitosť - úprimnosť v každom čase
a venovanie pozornosti vnútorným
signálom namiesto ignorovania
toho, čo sa v skutočnosti deje.

Duševný život vyžaduje aktívnu ostražitosť – úprimnosť v každom čase a venovanie pozornosti vnútorným signálom namiesto ignorovania toho, čo

---

24 Ruth Haley Barton, *Strengthening the Soul of Your Leadership: Seeking God in the Crucible of Ministry* (Downers Grove, IL: InterVarsity Press, 2008), 25.

sa v skutočnosti deje. Práca na poli, ale rovnako aj starostlivosť o našu dušu si vyžaduje veľa času a úsilia. Ako hovorí autor Stephen Covey:

> *Dokázali by ste sa niekedy na poli „zaseknúť?" – na jar zabudnúť sadiť, len tak sa zabávať celé leto a potom na jeseň rýchlo naháňať úrodu? Nie, pretože pole je príkladom prirodzeného systému. Musí vás to totižto najprv niečo stáť a potom absolvujete istý proces. Budete žať to, čo ste zasiali, neexistuje žiadna skratka.*[25]

Bez ohľadu na to, čo sa rozhodnem spraviť, zajtra príde deň, keď pôda prinesie úrodu, a ak svoju prácu vykonám dobre, zožaté ovocie bude chutné.

Ako teda vlastne vstúpime do tohto prúdu? Ako dokážeme posúdiť, či naše vnútro (duch) zvláda stres spojený so životom a líderstvom? Ako vlastne zistíme, kedy si potrebujeme oddýchnuť a opäť naplniť svoje duchovné nádrže? Zdravie svojej duše nemôžeme jednoducho posúdiť podľa toho, ako často čítame Bibliu a venujeme sa modlitbe, pretože dokonca aj farizeji boli v týchto praktikách silní.

John Ortberg sa raz opýtal jedného múdreho muža, ako posúdiť stav duše. Ten muž mu odpovedal, že si zvyčajne položí tieto dve otázky: „Bývam v tomto období viac znechutený? Som viac podráždený?"[26]

Pozývam ťa, aby si tieto dve otázky zahrnula do hodnotenia stavu svojej duše. Keď je odpoveď na niektorú z týchto otázok kladná, zamysli sa nad tým, ktoré duchovné činnosti si zanedbala: *Aké život obohacujúce činnosti mi v živote chýbajú? Potrebujem zmeniť svoje priority? Možno si len jednoducho potrebujem poriadne pospať!*

Ty si totiž jediná, kto si môže tieto otázky zodpovedať pravdivo. Počúvaj pozorne svoje odpovede. Nevyhýbaj sa týmto otázkam, neuhýbaj pred nimi ani ich neobchádzaj, pretože to sú tie najdôležitejšie otázky, aké si si na svojej ceste životom a líderstvom položila.

---

[25] Stephen Covey, "The Law of the Farm," *Unprevention*, https://upprevention.org/the/34154-the-law-of-thefarm-by-stephen-covey-714-141.php.
[26] Ortberg, *The Me I Want to Be*, 21.

Otázky na zamyslenie
1) Bývam v tomto období viac znechutená?
2) Som teraz viac podráždená?
3) Ako sa má moja duša?

KAPITOLA 4
KTO SOM?

Preto sa i stále modlíme za vás a za to, aby vás náš Boh urobil hodnými povolania a svojou mocou splnil každý dobrý zámer a dielo viery.
—2 Tesaloničanom 1, 11

Spomínam si na deň, keď som si robila svoj prvý osobnostný test. Zišla som dolu do kuchyne a zvolala som: „Som extrovert!" Moja dcéra Lindsay sa otočila, pozrela na mňa a povedala: „A teba toto zistenie prekvapilo?"

Myers-Briggsov test osobnosti odhalil nielen môj sklon k extrovertnosti, ale aj myšlienku, že by som mohla mať niekoľko verzií seba samej ako ESTJ, ESFJ, ENFJ alebo ENTJ. Profesor uviedol, že len ja môžem skutočne vedieť, kedy a ako môj „odtieň" koná a prečo. Zvyčajne dve prostredné písmená odhaľujú odtieň, najmä vtedy, keď sa nedosiahne vysoké skóre v štyroch možnostiach.

Na ďalšie štúdium slúži aj hodnotenie duchovnosti v knihe *Knowing Me, Knowing God* (Spoznať seba, spoznať Boha), ktoré potvrdilo odtieň mojej osobnosti. Odhalilo silný sklon k extrovertnosti a hodnotiacim preferenciám v tom, ako uprednostňujem uctievanie a duchovnú činnosť. Mierne odtieňové skóre zostalo v stredných pásmach pre usudzovanie/vnímanie a cítenie/myslenie.

Ako poznamenáva Malcolm Goldsmith, na to, aby sme sa stali zdravými lídrami, musíme zapájať aj svoje odtieňové funkcie:

Aj my môžeme nájsť zdravie a uzdravenie, silu a odvahu, ak začneme pracovať na svojom podvedomí, na tom, čo mnohí ľudia nazývajú „svojím odtieňom". Aby sme získali čo najlepší pohľad na vitráž, je potrebné vojsť do tmy kostola a pozerať sa smerom k svetlu. Tak aj pre nás je často potrebné preskúmať vnútorné temnoty našej osobnosti, a tak môžeme umožniť svetlu, aby ich osvietilo. Takto môžeme lepšie pochopiť samých seba a rozvinúť duchovnosť, ktorá je úprimná a chce ponúknuť Bohu celú svoju bytosť. Zahŕňa to nielen tie časti, s ktorými sme spokojní a ktoré považujeme za prijateľné, ale aj tie kúsky nás samých, ktoré sme predtým odsunuli do podvedomia.[27]

Poznanie svojho skutočného ja – čerpanie zo silných stránok a priznanie svojich slabostí – umožňuje lídrovi rásť v nečakaných oblastiach. Voľnosť pocitu, že môžem pôsobiť aj v svojom tieni, mi dopomohla k výraznejšiemu rastu v rámci môjho líderstva a pridala mi postoj milosti, ktorý by som predtým nemala.

> Poznanie svojho skutočného ja -
> čerpanie zo silných stránok a priznanie
> svojich slabostí - umožňuje lídrovi
> rásť v nečakaných oblastiach.

Po uvedení mnohých príkladov z Ježišovho života a spôsobu, akým pôsobil v rôznych funkciách, Goldsmith odhaľuje konečný cieľ tohto sebahodnotenia a líderstva:

---

27 Malcolm Goldsmith, *Knowing Me, Knowing God: Exploring Your Spirituality with Myers-Briggs* (Nashville: Abingdon Press, 1997), 86.

Aj my pôsobíme vo všetkých tieňových funkciách, ale pretože niektoré uprednostňujeme pred inými, často máme problém konať v danej situácii primerane. *Mávame tendenciu chcieť vychádzať v ústrety každému človeku a každej situácii pomocou nami preferovaných funkcií, ale niekedy je vhodnejšie použiť tie druhé. Zdá sa, že Ježiš vedel vhodne reagovať v akejkoľvek situácii, v ktorej sa ocitol, a v tomto zmysle je pre nás všetkých vzorom a príkladom, ktorý by sme mali nasledovať.*[28]

Na mojej ceste líderstva sú schopnosti, ktoré ponúkam, stále účinné, ale najúčinnejšie sú vtedy, keď vychádzajú z Ježišovho modelu autenticity a milosti.

Každý deň vstávam a obliekam si svoje líderské šaty plné dier a celé od špiny, čím druhým ukazujem, že časť tejto cesty som prežila v jaskyni. Život v jaskyni prichádza vtedy, keď životné zápasy zoberú z nášho každodenného fungovania všetko svetlo.

Nemôžem ignorovať svoje boje s depresiou, diagnózami rakoviny, smútkom, stratou a zraneniami z líderstva. Generácia, ktorá po mne prichádza, sa nezaujíma o moje úspechy, chce poznať pravdu cez autentické líderstvo a posolstvo plné milosti. Bude to znamenať aj zdieľanie nie veľmi príjemných jaskynných príbytkov a tieňov, no pri tom všetkom iných povzbudíme, že na druhej strane čaká Ježiš.

Keď napredujeme v skúmaní vnútorného ja, plán sebahodnotenia a sebarozvoja musí byť merateľný autentickým životom v shalome, sabate a milosti:

Na to, aby sme si mohli vybudovať život, ktorý sa vyznačuje posvätným rytmom, musíme pochopiť tri základné princípy – shalom, sabat a milosť.

Shalom je zažívanie stavu vnútorného pokoja a pohody, ktorý sa prelieva do nášho vonkajšieho sveta. . . . Sabat je základný rytmus v Božom rytme odpočinku . . . Milosť je skúsenosť zapriahnutia do jarma s Kristom... takto naša každodenná práca už nebude v rozpore s celistvosťou a s odpočinkom.[29]

---

28 Goldsmith, *Knowing Me, Knowing God*, 104.
29 Weems, *Rhythms of Grace*, 29.

Autentický, milosťou naplnený život prekypuje neporiadkom aj pobytom v jaskyni, ale jeho súčasťou je stále zažívanie Božej prítomnosti bez ohľadu na to, či je cesta plná bolesti alebo radosti. Božia prítomnosť je miestom slobody, viery a očakávania toho, čo je pred nami.

Apoštol Pavol píše: „Preto sa i stále modlíme za vás a za to, aby vás náš Boh urobil hodnými povolania a svojou mocou splnil každý dobrý zámer a dielo viery."
2 Tesaloničanom 1, 11 (EKU)

Lídri, ktorí pri vedení zaujmú tento pokorný postoj, nakoniec zistia, že ich skutočné vlastné ja nie je kópiou najnovších úspešných príbehov iných lídrov. Autentickí, milosťou naplnení lídri každý deň vstanú a obliekajú sa do líderskych šiat, ktoré im správne sedia, a nosia ich s milosťou a štýlom.

Otázky na zamyslenie

1) Čo by si definovala ako tvoje jaskynné príbytky?

2) Akým spôsobom ťa tieto príbytky zdokonalili v živote a v líderstve?

3) Ak nedošlo k zlepšeniu, ako vymyslíš plán, ktorý umožní Bohu priniesť uzdravenie do tých oblastí, ktoré chce použiť na svoju slávu v tvojom živote?

KAPITOLA 5
ČO JE ŽIVOTODARNÉ?

Ale z Božej milosti som to, čo som, a jeho milosť nebola vo mne márna. Veď som sa namáhal viac ako oni všetci, vlastne ani nie ja, ale Božia milosť, ktorá je so mnou.

—1. list Korinťanom 15, 10

Posledná kapitola pri základovom pilieri nášho vnútorného ja nám položí otázku: „Čo je životodarné?" Odpoveďou nie je nejaká činnosť, ale postoj, keď prijímame Božiu prirodzenosť. Áno, Boh ma miluje. Áno, Boh mi dáva pokoj. Ale keď sa Božia milosť preukazuje, vytvára priestor na všetky aspekty života a líderstva. Prijímame Božiu milosť, uplatňujeme ju na sebe a potom sa ju učíme rozdávať druhým.

To, *čo* ma vedie, už nie je meranie úspechu ľudskými oceneniami. Namiesto toho túžim po ďalšom modlitebnom ústraní, kde budem môcť počuť Boží šepot pre svoj život. Viem, v čom som zlyhala a aká som bezvýznamná, ale prostredníctvom milosti mi Boh zjavuje to najdôležitejšie. Vďaka tomuto modelu milosti môžem začať konať to, na čo ma Boh stvoril. To, čo prúdi smerom dovnútra, prúdi aj navonok, čo vytvára priestor na novú perspektívu, ktorá je skôr smerom k nebu (Božia perspektíva) než smerom k zemi (moja perspektíva a perspektíva iných).

Milosť má jednoduchú definíciu – nezaslúžená priazeň, privilégium, nezaslúžený dar. Možno sa cítiš trochu ako ja. Vždy som potrebovala dvojitú dávku milosti. Podobne ako apoštol Pavol môžem povedať: „Ale z Božej milosti som to, čo som, a jeho milosť nebola vo mne márna." 1 Kor 15, 10, (EKU).

> Možno sa cítiš trochu ako ja. Vždy som potrebovala dvojitú dávku milosti.

Puritánsky kazateľ Thomas Brooks krásne ilustruje myšlienku mocnej milosti slovami: „Milosť a sláva sa líšia len veľmi málo, jedno je semeno, druhé kvet. Milosť je bojovná sláva. Sláva je víťazná milosť." Dobré, však? Milosť je semeno a sláva je kvet.

Podľa toho, ako dovolíme milosti v našom živote rásť (prijímame ju, uplatňujeme, vyživujeme), nás robí lepšou verziou seba samých – môžeme robiť to, čo robíme. Milosť nie je malý ufňukaný slaboch. Jedna dávka milosti je dostatočne silná a životodarná. Milosť sa prejavuje a poukazuje na to, čo máme robiť, robí to akčne, rázne, aktívne, prevratne. Sláva, ktorá nad nami žiari, je pôsobením milosti triumfálna – úspešná, víťazná, víťazoslávna, premáhajúca.

Ak nezažívate Božiu lásku a pokoj, potrebujete viac milosti. Milosť vstupuje do našich životov a radikálne nás mení: z toho, čím sme boli, na to, čím sa teraz stávame – lepšou verziou seba samých. Semienko milosti je zasadené do vášho vnútra (ducha) a sláva, ktorá pochádza z milosti, z vás vyžaruje navonok. To ma núti vyjsť na verandu a kričať – „MILOSŤ, MILOSŤ, MILOSŤ! Je životodarná!"

ČO JE ŽIVOTODARNÉ? 61

Vďaka tomu, ako dovolíme milosti rásť v našom živote (prijímame ju, uplatňujeme, vyživujeme), nás ona robí lepšou verziou nás samých.

Spomínam si, ako som raz preukázala svojmu synovi Andrewovi milosť. Nezaslúžil si ju a bol si toho vedomý, ale cítila som, ako ma k tomu Svätý Duch pobáda. Pamätám si na jeho reakciu, keď som to urobila. Inštinktívne zdvihol ruky nad hlavu ako Rocky Balboa (som si istá, že som v tej chvíli začula hrať ústrednú melódiu tohto filmu) a triumfálne a víťazne zakričal: „Áno!" S milosťou, priateľ môj, zvíťazíš – zakaždým.

V predchádzajúcej kapitole som ťa požiadala o to, aby si sa zamyslela nad svojimi jaskynnými miestami (nie veľmi ľahkými obdobiami v tvojom živote a líderstve). Nájdi si teraz chvíľu a dovoľ Svätému Duchu, aby použil milosť na rany, bolesť, neodpustenie a možno aj hanbu, ktorú pociťuješ, keď premýšľaš o týchto ťažkých časoch.

Izaiáš 55, 12 – 13 hovorí:

Preto vyjdete s radosťou a v pokoji vás vyvedú. Vrchy a kopce budú pred vami s radosťou plesať a všetky poľné stromy budú tlieskať rukami. 13 Namiesto bodľačia vyrastie cyprus, **namiesto pŕhľavy vyrastie myrta**. *Bude to na slávu Hospodinovho mena, na večné znamenie, čo sa nepominie.*
(zvýr.: autorka)

Na záver tohto základu sa sústreďme na túto pravdu: *namiesto bodliakov bude rásť myrta*. Korene myrty vedú hlboko, sú ukotvené v pevnom základe, takže ju nič nerozkolíše ani nepohne. Keď voda na povrchu vyschne, myrta je dobre zakorenená a bude čerpať vodu z hĺbky, aby prežila.

Základ vnútorného ja nie je krokom, ktorý by sa dal na *Spoločnej ceste* preskočiť. Povrchová voda často vyschne a zostane po nej len to pod ňou – hlboké miesta, ktoré nikto nikdy neuvidí. V týchto časoch budeš potrebovať dobrú závlahu od Boha, aby si prečkala sucho.

Otázky na zamyslenie

1) Ako v tvojom živote vyhráva (víťazí) milosť?

2) S akou duchovnou disciplínou, ktorá sa pre teba stala v živote a líderstve životodarnou, si tento mesiac začala?

3) Aký je tvoj plán na zavedenie tejto životodarnej činnosti do tvojho života a líderstva?

DRUHÁ ČASŤ

PÁNOVA VEČERA: SILA VÁŠHO OSOBNÉHO PRÍBEHU

Keď ju Hospodinov anjel stretol pri prameni vody na púšti, pri prameni na ceste do Šúru, povedal jej: „Hagar, Sarajina slúžka, odkiaľ prichádzaš a kam sa uberáš?"

—Genesis 16:7 – 8 (ROH)

Pánova večera je druhou súčasťou vnútornej premeny. Praktizovanie Pánovej večere prináša silnú analógiu toho, ako môžeme prijať silu svojho osobného príbehu cez Boží príbeh – cez Jeho smrť, pochovanie a zmŕtvychvstanie. Spoločne sa budeme venovať praktizovaniu rozpomínania, odpúšťania a vďačnosti.

Úvodom tejto základnej kapitoly sa zamyslite nad otázkou: „Aký je môj osobný príbeh?" Na to, aby sme pochopili a zodpovedali túto otázku, všetky štyri časti *Aplikácie do života* sa budú točiť okolo jedinej aktivity – vytvárania mapy osobného príbehu.

Keď si pozorne prečítate pokyny a začnete pracovať na svojej úlohe, dovoľte Svätému Duchu, aby vás sprevádzal, keď budete uvažovať o svojej životnej ceste, o rodine, o kultúre, o úspechoch, o zlyhaniach, o skúsenostiach s vierou, o zdrojoch radosti a o bolesti a emocionálnom a duchovnom raste.

Pri dokončovaní mapy svojho osobného príbehu som odhaľovala ťažké miesta a zranenia, ktoré potrebovali dotyk Božej milosti, no narazila som aj na veľa momentov vďačnosti, keď som sa zamýšľala nad Božou dobrotou. Pri vytváraní mapy vášho osobného príbehu vám príbeh Hagar z knihy Genesis priblíži význam týchto dvoch otázok: Odkiaľ prichádzaš? Kam sa uberáš? (16:8). Hagar vedela, odkiaľ prišla – „utekám od svojej panej Sáraj" (v. 8) –, ale Boh jej ukázal, kam ide (v. 9 – 12).

Líderstvo s otvoreným srdcom si vyžaduje dôkladné premýšľanie o tom, odkiaľ prichádzaš, kde sa nachádzaš a kam chceš ísť, keď so sebou vezmeš ostatných.

Líderstvo s otvoreným srdcom si vyžaduje dôkladné premýšľanie o tom, odkiaľ prichádzaš, kde sa nachádzaš a kam chceš ísť, keď so sebou vezmeš ostatných. Na to, aby sme viedli so zdravým a celistvým srdcom, je pre nás naďalej najdôležitejšie uvedomiť si, ako nás formovala naša osobná a rodinná kultúra. Keď budete ochotní na týchto otázkach pracovať s otvoreným srdcom, Boh vás použije na premenu kultúry, v ktorej ste lídrami.

Veľmi sa mi páči kniha *A Work of Heart: Understanding How God Shapes Spiritual Leaders* (Dielo srdca: Pochopenie toho, ako Boh formuje duchovných lídrov) od Reggie McNeal. Píše v nej:

Našťastie mnoho žien a mužov prináša do životov reálne duchovné líderstvo. Títo lídri sú majstrovskými dielami, ktorých je príliš málo. Ich srdcia sú starostlivo formované. Nevzniknú zo dňa na deň, hoci by sa mohlo zdať, že sa objavia „z ničoho nič". Vždy odniekiaľ pochádzajú – z Božieho srdca. Sú starostlivo vytvorení, verne vyformovaní.[30]

Kapitola „Kultúra: Stretnutie so svetom" v tej istej knihe vynikajúco pripomína, ako nasledovníci kopírujú kultúru lídra, a preto je dôležité zamyslieť sa nad naším osobným príbehom a byť lídrami a viesť z Božieho srdca.

Symboly Pánovej večere predstavujú odpustenie, uzdravenie a zdravie. Prijímanie chleba účastníkom pripomína, že vďaka tomu, že Jeho telo bolo rozlámané, môžu veriaci žiť v zdraví a uzdravení. Kalich predstavuje Jeho preliatu krv a pripomína, že žijeme v odpustení. Keď budeš pokračovať v tomto základe – Pánovej večeri (sile tvojho príbehu), nechaj sa povzbudiť k tomu, aby si si „znovu predstavovala svätosť nie z hľadiska perfekcionizmu, ale cez optiku úplnej jednoty s Bohom"[31].

Pánov stôl ponúka spôsob, ako sa vrátiť na toto miesto a spomínať, skúmať a uistiť sa, že náš vlastný osobný príbeh je dobrý. Rozpomínanie a odpúšťanie umožňuje vrúcne sa modliť a oslavovať vo vďačnosti.

Vyhodnotenie - Pánova večera

- Použi spomienky od narodenia až po súčasnosť na dokončenie mapy osobného príbehu. Dovoľ Svätému Duchu, aby vyjavil konkrétne spomienky a odhalil nezdravé miesta, ale aj tie, ktoré prinášajú vďačnosť.
- Prejdi cestou uzdravenia a odpustenia na základe spomienok odhalených v mape osobného príbehu.
- Začni si písať denník vďačnosti.

---

30 Reggie McNeal, *A Work of Heart: Understanding How God Shapes Spiritual Leaders* (San Francisco: Jossey-Bass, 2000, 2011), xii.
31 Chuck DeGroat, *Wholeheartedness: Busyness, Exhaustion, and Healing the Divided Self* (Grand Rapids, MI: Wm. B. Eerdmans Publishing Co., 2016), 5.

Aplikácia do života – Pánova večera

Tabuľka 2. Druhý základový pilier: Pánova večera (V tomto základovom pilieri majú všetky štyri rytmy rovnaké určenie.)

PÁNOVA VEČERA	PÁNOVA VEČERA	PÁNOVA VEČERA	PÁNOVA VEČERA
Vyjadrenie duše	Vyjadrenie vedomia	Vyjadrenie srdca	Tvorivé vyjadrenie
MAPA OSOBNÉHO PRÍBEHU:	MAPA OSOBNÉHO PRÍBEHU:	MAPA OSOBNÉHO PRÍBEHU:	MAPA OSOBNÉHO PRÍBEHU:
Vytvor si mapu osobného príbehu od narodenia po súčasnosť. Môžeš použiť formát časovej osi na papieri alebo iný kreatívny spôsob. Je dôležité zahrnúť hlavné udalosti, ale tiež umožniť Svätému Duchu, aby ti pomohol spomenúť si na veci, ktoré sa môžu zdať nepodstatné. Tento projekt je určený len pre tvoje oči. Ak chceš, môžeš o tom diskutovať na individuálnom mentorskom stretnutí, ale je na tebe, ako sa rozhodneš.	Odporúčam ti absolvovať duchovné modlitebné ústranie (4 až 8 hodín) na zostavenie mapy osobného príbehu. Ak to nie je možné, vyhraď si aspoň dvojhodinové časové intervaly, v ktorých sa jej budeš venovať. Takisto sa zamysli nad rodinou, z ktorej pochádzaš. Akí ľudia ťa vychovali? Boli vzdelaní, robotníci alebo zápasili s financiami? Národnosť, mesto alebo vidiek, súrodenci, rozvedení rodičia, starí rodičia, priatelia? Školy, sťahovania? Nezabudni uviesť aj svoju duchovnú cestu. Skúsenosti zo spasenia, Božie povolanie, iné významné spomienky.	Pri zostavovaní mapy osobného príbehu venuj veľkú pozornosť radosti a bolesti. Vylúč hanbu, neodpustenie, bolesti a dovoľ Svätému Duchu, aby uzdravil tvoj príbeh. Ako to na teba vplýva? Zaznamenávaj si to do denníka a pomodli sa za svoje zistenia, zastav sa pri oblastiach, ktoré potrebujú uzdravenie. Osobitnú pozornosť venuj spomienkam, ktoré ti prinášajú radosť alebo bolesť.	Keď sa budeš modliť za odpustenie alebo si vychutnávať čas vďačnosti, nájdi si fotografiu seba samej alebo svojej rodiny, na ktorú sa viaže nejaká konkrétna spomienka, a poďakuj Bohu za všetko, čím ťa previedol. Začni si písať denník vďačnosti.

Tip na knihu o Pánovej večeri

McNeal, Reggie. *A Work of Heart: Understanding How God Shapes Spiritual Leaders*. San Francisco: Jossey-Bass, 2011.

KAPITOLA 6
AKÝ JE VÁŠ OSOBNÝ PRÍBEH?

Tvoje oči ma videli už v zárodku, všetko to bolo zapísané v tvojej knihe; dni boli určené, skôr než ktorýkoľvek z nich nastal.

—Žalm 139, 16

Poslednú kapitolu základového piliera, vnútorného ja, uviedol Izaiáš 55, 12 – 13 s upriamením pozornosti na verš 13: „Namiesto bodľačia vyrastie cyprus, *namiesto pŕhľavy vyrastie myrta*. Bude to na slávu Hospodinovho mena, na večné znamenie, čo sa nepominie."

Strom myrty vytvára nespočetné množstvo vzorov kresby dreva. Každý vzor sa tvorí v závislosti od udalostí, ktoré sa odohrávajú v jeho okolí. To znamená, že každá búrka, každé sucho, nepriaznivé alebo dobré podmienky prispievajú k nádherným vzorom v jeho dreve.

Niekedy je strom následne vymodelovaný rukami rezbára – rezaním, brúsením, tvarovaním – až kým sa z myrtového dreva nestane nádherný výtvor. Často sa tieto vyrobené kusy dreva alebo nábytku stávajú vzácnymi pamiatkami, pretože trvalo roky, kým drevo dozrelo, aby ho rezbár spracoval.[32]

> Keď som bola mladšia, myslela som si, že jedného dňa konečne „dorazím" na svoju cestu podobnú Kristovej, ale mýlila som sa. Nebudeme ako Ježiš, kým ho neuvidíme tvárou v tvár.

Podobne prechádza aj náš život neustálym procesom dozrievania. Keď som bola mladšia, myslela som si, že jedného dňa konečne „dorazím" na svoju cestu podobnú Kristovej, ale mýlila som sa. Nebudeme ako Ježiš, kým ho neuvidíme tvárou v tvár, a tak sa naďalej usilujeme o zrelosť a dovoľujeme, aby skúšky a dobro, ktoré prežívame, prispievali k našej surovej kráse.

Nájdite si čas na rozjímanie nad Žalmom 139, 16: „Tvoje oči ma videli už v zárodku, všetko to bolo zapísané v tvojej knihe; dni boli určené, skôr než ktorýkoľvek z nich nastal." Úžasné! Boh je s vami, vidí vás, vie o vás všetko a kráča s vami v minulosti, prítomnosti aj budúcnosti.

Pri *Aplikácii do života* som vás vyzvala, aby ste vyplnili mapu osobného príbehu počas základového piliera Pánovej večere. Na to, aby sme použili analógiu Pánovej večere, sa zameriame na tri aspekty – rozpomínanie, odpúšťanie a vďačnosť.

Rozpomínanie sa je jadrom sviatosti Pánovej večere.

Keď sa poďakoval, rozlomil ho a povedal: „Potom vzal chlieb, vzdal vďaku, lámal ho a dával im, hovoriac: ,Toto je moje telo, ktoré sa vydáva za vás. Toto robte na moju pamiatku!' 20 A podobne po večeri vzal kalich a hovoril:

---

32 Lynn Nessa, "A Lesson from the Myrtle Tree," *Inspirational Contemplation*, https://nessalynn77.wordpress.com/2011/02/12/a-lesson-from-the-myrtle-tree/.

„*Tento kalich je nová zmluva v mojej krvi, ktorá sa vylieva za vás.*"
—*Lukáš 22, 19 – 20*

Pripomínať si je pre formovanie srdca kľúčové. Skúmať seba samú, odpúšťať a byť vďačnou, to všetko sa odohráva pri Pánovom stole. Vďaka Ježišovej dokonalej obeti a moci Jeho príbehu môžeme odovzdať svoj príbeh Jemu. Pripomínanie si môže byť pre niektorých ťažké a možno budete chcieť preskočiť rôzne časti svojho príbehu, ale pripomínanie si je pre váš život a líderstvo veľmi dôležité:

Mnohí kresťanskí lídri nerozumejú svojmu vlastnému životnému príbehu. Nemajú jasnú predstavu o čiastkových dejoch, ktoré formujú srdce a ktoré v dlhodobom horizonte vytvárajú ich životný a líderský odkaz. Niekedy vnímajú jednotlivé alebo významné udalosti ako dôležité, ale často nedokážu nájsť prepojenie svojich životných skúseností. V dôsledku toho im chýbajú poznatky, ktoré takéto pochopenie prináša. . . . Pochopenie seba samého sa začína a končí u Boha. Som presvedčená, že najefektívnejšími lídrami sú tí, ktorí si nájdu čas na premýšľanie o tom, čo Boh zamýšľa v ich vlastných životoch. Tí, ktorí rozumejú svojmu srdcu, budú lepšie pripravení viesť.[33]

Pochopenie tvojho osobného príbehu je súčasťou procesu pochopenia tvojho srdca lídra. Hoci môžu byť niektoré časti bolestivé, je dôležité podeliť sa o svoj príbeh a pochopiť jeho význam a silu.

V knihe *A Work of Heart* (Dielo srdca) Reggie McNeal poznamenáva, že „zrelosť prichádza vtedy, keď sa dokážeme naučiť oceniť, ako bolo naše srdce formované, pozrieť sa na náš kultúrny vývoj ako na dar."[34]

---

33 Reggie McNeal, *A Work of Heart*, xxiii, xxv.
34 McNeal, *A Work of Heart*, 77.

> Pochopenie tvojho osobného príbehu je súčasťou procesu pochopenia tvojho srdca lídra.

Medzi tri srdcové úlohy lídrov patrí: vedieť, odkiaľ pochádzaš, vedieť, kde stojíš, a vedieť, kam chceš ísť a kam chceš vziať ostatných.[35] Tento týždeň si nájdi čas na to, aby si sa zamyslela nad rodinou, z ktorej pochádzaš: Odkiaľ pochádzali? Boli to ľudia z robotníckej triedy, vzdelaní alebo oboje? Si prvou generáciou veriacich v Krista? Ak nie, kto bol prvým nasledovníkom Krista vo vašej rodine? Premýšľaj o ďalších otázkach, ktoré ti Svätý Duch pripomenie, a dovoľ, aby ti mapa tvojho osobného príbehu pomohla oceniť to, ako bolo tvoje srdce vyformované.

Otázky na zamyslenie

1) Odkiaľ pochádzam?
2) Kam smerujem?
3) Ako sa formovalo moje srdce?

---

35 McNeal, *A Work of Heart*, 75.

KAPITOLA 7
BOŽÍ SPÔSOB, AKO NÁJSŤ ODPUSTENIE

Hagar nazvala Hospodina, ktorý ju oslovil, El-Roi. Povedala totiž: „Či som tu nezahliadla toho, ktorý ma vidí?" Preto sa tá studňa volá Beér-Lachaj-Roi, a je medzi Kadéšom a Beredom.
—1 Moj. 16,13 – 14

Prvýkrát som o koráboch počula na hodinách duchovnej formácie v seminári, kde som získala magisterský titul. Profesorka Dr. Carolyn Tennantová sa s nami podelila o históriu starovekej keltskej cirkvi a malých člnoch, ktoré stavali Walesania, Íri a Škóti. Koráby boli zvyčajne stavané pre jedného alebo dvoch ľudí a mohli sa tak prepravovať z miesta na miesto:

Keltskí mnísi sa v žiadnom prípade nebránili dobrodružstvu a radi stavali väčšie koráby, do ktorých sa zmestilo viac ľudí, a vydávali sa tak na plavbu oceánom. Bolo to dobrodružstvo samo osebe, navyše koráby boli bez kormidla a mnísi si často nebrali ani veslá, ani pádla. Zdvihli plachty a chytali vietor a prúdy, veriac, že Boh ich zavedie tam, kam sa majú ísť podeliť o evanjelium.[36]

Doktorka Tennantová prezradila, že to robili preto, lebo Íri brali verš z Jána 3, 8 doslovne: „Vietor fúka, kam sa mu zachce. Počujete jeho zvuk, ale nemôžete povedať, odkiaľ prichádza a kam ide." Cestovanie alebo púť, nazývaná *peregrinácia*, bola prostriedkom na evanjelizáciu väčšiny Európy a mala sa „stať jedným z najväčších a najúčinnejších misijných hnutí všetkých čias. Púte však mali aj osobný charakter".[37]

Púť (peregrinácia) bola „vonkajším symbolom vnútornej zmeny, metaforou a symbolom cesty k hlbšej viere a väčšej svätosti a cesty k Bohu, ktorá je kresťanským životom".[38] Podľa Bradleyho bola púť korábu aktom „hľadania miesta vlastného vzkriesenia" – vydanie sa na cestu s Bohom, s cieľom nájsť Ho.[39] Vietor vanie aj v našom príbehu, a to v každom jeho aspekte.

Cesty boli vždy považované za súčasť Božieho plánu.

Cesty boli vždy súčasťou Božieho plánu. Abrahám a Sára, Mojžiš, Izraeliti a Jozue (z Egypta do zasľúbenej zeme), Dávid (skrývajúci sa v jaskyniach pred Saulom), Ježiš (od narodenia v maštali až po kríž), učeníci prvej cirkvi a apoštol Pavol – títo všetci podnikli rôzne cesty, aby šírili posolstvo evanjelia, ale aj aby jednoducho putovali s Bohom.

Na našej ceste, ako ideme cez Pánovu večeru a prechádzame mapou vášho osobného príbehu, je odpustenie veľmi dôležitou súčasťou. Neodpustenie je

---

36 Carolyn Tennant, *Catch the Wind of the Spirit: How the 5 Ministry Gifts Can Transform Your Church* (Springfield, MO: Vital Resources, 2016), 9.
37 Tennant, *Catch the Wind of the Spirit*, 11.
38 Ian Bradley, *The Celtic Way* (London: Darton, Longman and Todd, 1993), 80.
39 Bradley, *The Celtic Way*, 77.

BOŽÍ SPÔSOB, AKO NÁJSŤ ODPUSTENIE 73

spojené s hanbou. Neopodstatnená hanba často vedie k odporu a spôsobuje, že lídri nie sú pre svojich nasledovníkov atraktívni.

Nemôžeme odčiniť pocit hanby, ktorý nám spôsobila nejaká okolnosť alebo iný človek. Ak sme boli zranení, zvykneme si rany ponechať ako súčasť našej reality. Jediná pravda, ktorú dokážeme zmeniť, je pravda našich pocitov. To môžeme len prostredníctvom odpustenia. Ako poznamenáva Lewis Smedes: *Žiadna z možností, mimo odpustenia, nám nepomôže. Pomsta nevylieči, len veci zhorší. Zabudnúť nepomáha. Ak si myslíme, že sme zabudli, pravdepodobne sme spomienku zatlačili do podvedomia, aby tam hnisala ako jedovatý zdroj rôznych iných bolestí. Okrem toho, niektoré veci by nemali byť nikdy zabudnuté. Jediná možnosť, ktorá nám zostáva, je tvorivý krok odpustenia voči tým, ktorí nás zahanbili, a to s rovnakou milosťou, aká nám umožňuje odpustiť sebe samým.*[40]

Smedes uvádza päť fáz, ktorými prechádzame, keď sa rozhodujeme odpustiť.[41]

1) Obviňujeme toho, kto nás zahanbil: Berieme ho alebo ju na zodpovednosť. Ak nebudeme brať ľudí na zodpovednosť za to, čo nám spravili, nebudeme im vedieť odpustiť.

2) Vzdávame sa práva na odplatu: Vezmeme svoje prirodzené právo vyrovnať si účty – právo na spravodlivosť, myslí sa tým všetko, čo si právom zaslúžime – vezmeme to do svojich rúk, prezrieme si to, zvážime možnosti a potom sa toho práva vzdáme. Súhlasíme s tým, že budeme žiť s nevyrovnanými účtami.

3) Prehodnotíme obraz o osobe, ktorá nás zahanbila: Spravíme z nej monštrum na základe toho, čo nám tá osoba spravila. Máme ju pred očami, cítime jej prítomnosť, definujeme celú tú osobu podľa toho, ako nás zahanbila. Avšak v procese odpúšťania zmeníme identitu osoby,

---

40 Lewis B. Smedes, *Shame and Grace: Healing the Shame We Don't Deserve* (New York: Harper Collins Publishers, 1993), 135-136.
41 Smedes, *Shame and Grace*, 136-137.

z monštra sa opäť stáva slabá a nedokonalá ľudská bytosť (akou bola), ničím sa nelíšiac od nás samých.

4) Prehodnotíme svoje pocity. Tak ako sa zmrznutá pustatina odmietnutia topí, kúsok po kúsku sa cez hrubú škrupinu prediera súcit. Smútok sa zmieša s hnevom. Náklonnosť zmierňuje odmietnutie. Vo svojom vedomí začneme pociťovať neistú túžbu dopriať druhému to dobré.

5) Prijmeme osobu, ktorá spôsobila, že sa cítime neprijatí. V poslednom dejstve drámy ponúkneme tej osobe, ktorá nás zahanbila, milosť, ktorú sme my sami dostali od Boha. Nielen tú osobu ospravedlníme, ale ju aj prijmeme. Je možné, že už nebudeme vedieť obnoviť vzťah tak, aby fungoval ako predtým. Ak sa však nedokážeme zmieriť, nebude to naša neochota, ktorá nám v tom zabráni.

Sme strážcami svojho prameňa a sme zodpovední za to, aby sme ho udržiavali bez nečistôt, ktoré kontaminujú vodu a znehodnotia ju tak, že sa nedá piť.

Príbeh Hagar (1. Moj. 16) je príbehom hanby a odpustenia. Hagar bola tehotná a vyhnali ju z jediného miesta, ktoré poznala. Pri studni na púšti ju navštívil Pánov anjel a položil jej dve otázky: „Hagar, Sárina otrokyňa, odkiaľ prichádzaš a kam sa uberáš?" Tieto dve otázky odrážajú uzdravujúcu silu príbehu.

V starovekom svete boli studne miestami na naplnenie potrieb, miestami spoločenských stretnutí, zjavení a spojení. Každý aspekt bežného života sa vzťahoval na studňu. Ženy nosili vodu najčastejšie, chodili k studni, tam a späť viackrát za deň. Je možné, že Hagar tam bola často a rozprávala sa so svojimi priateľkami (tými, čo nosievali vodu) a išla k studni v nádeji, že nájde niekoho, s kým sa bude môcť podeliť o svoj príbeh? V ten deň však neprišiel nikto okrem Pánovho anjela.

V 1. Moj. 16, 14 sa studňa popisuje ako miesto medzi Kádešom, čo v preklade znamená „posvätné miesto na púšti", a mestom Bered s významom „byť studený". Táto studňa, kde sa Boh necháva vidieť, sa nachádza medzi posvätným miestom na púšti a chladným miestom. Boh sa necháva Hagar poznať práve medzi týmito dvoma miestami.

V životných situáciách, keď sa nachádzame medzi jedným a druhým miestom, sa často rodia aj „Izmaelovia". Tvoj príbeh ich môže odhaliť hneď niekoľko. Izmael nebol považovaný za zasľúbené dieťa; Hagar ho počala pre pochybnosti a strach, ktoré mali Abrahám a Sára, ale Boh vykupuje každý aspekt nášho príbehu, každého Izmaela a Izáka.

Vyhraď si čas na to, aby si sa ponorila do časti svojho príbehu, do chvíle, keď si počala Izmaela. Dovoľ Svätému Duchu, aby priniesol odpustenie pre teba a druhých. Hagar nazvala to miesto, kde ju Boh stretol, „Beer Lahai Roi", čo znamená „studňa Toho živého, ktorý *ma vidí*". *V našich životoch sa nám Boh dáva vidieť,* moja priateľka. Môžeš sa na to spoľahnúť.

V našich životoch sa nám Boh dáva vidieť, moja priateľka. Môžeš sa na to spoľahnúť.

Otázky na zamyslenie

1) Ako sa ti dal Boh v tvojom životnom príbehu spoznať?
2) Spomeň si na moment, keď si sa ocitla medzi dvoma miestami. Počala si Izmaela?
3) Ak áno, ako tú situáciu v tvojom živote zachránil Boh?

KAPITOLA 8
OSLAVA VĎAČNOSTI A RADOSTI

Preto vyjdete s radosťou a v pokoji vás vyvedú. Vrchy a kopce budú pred vami s radosťou plesať a všetky poľné stromy budú tlieskať rukami. Namiesto bodľačia vyrastie cyprus, namiesto pŕhľavy vyrastie myrta. Bude to na slávu Hospodinovho mena, na večné znamenie, čo sa nepominie.

—Iz 55, 12 – 13

Naša posledná kapitola v základovom pilieri, „Pánova večera", zdôrazňuje význam vďačnosti a sily osobného príbehu. Mám rada dobré oslavy vďačnosti, kde je uznanie, kde nahlas znejú radostné výkriky. Jednou časť *Spoločnej cesty* tvorí spoločné prechádzanie cez tie ťažké veci. Na to, aby sme oslavovali, sa musíme dostať na vrchol hory, na ktorú stúpame.

Na záver časti venovanej základovému pilieru – vnútornému ja a Pánovej večeri – sa pozrime bližšie na úsek z proroka Izaiáša 55, 12 – 13 (EKU):

Preto vyjdete s radosťou a v pokoji vás vyvedú. Vrchy a kopce budú pred vami s radosťou plesať a všetky poľné stromy budú tlieskať rukami. Namiesto bodľačia vyrastie cyprus, namiesto pŕhľavy vyrastie myrta. Bude to na slávu Hospodinovho mena, na večné znamenie, čo sa nepominie. Keď čítam tento úsek, predstavujem si pochod vďačnosti, ktorý sa zapísal do histórie ako jeden z najpamätnejších.

Pred niekoľkými rokmi som vo svojom duchovnom živote zdolala neuveriteľne veľkú horu. Jeden deň som sedela vonku s pocitom, že som dosiahla vrchol svojho výstupu, keď som si prečítala tento úsek z Biblie z knihy proroka Izaiáša. Spôsobom, akým vie veci zariadiť len Boh, začal fúkať vietor a lístie na stromoch začalo šušťať tak, ako keď prichádza búrka. Jeden z prekladov Biblie uvádza, že stromy na poliach tlieskajú rukami. Ako môžu stromy tlieskať? Deje sa to vtedy, keď fúka vietor a lístie sa o seba „otiera".

Sedela som tam, so slzami radosti a vďačnosti stekajúcimi po tvári, uvedomujúc si, že to bol Boží okamih. Celé stvorenie mi tlieskalo. Stvorenie išlo v zástupe volajúc: „Dala si to, drahá! Podarilo sa to. Tú horu si zdolala!" Vedela som, že na pichľavom kríku sú nové výhonky myrty.

Tvoj silný životný príbeh je na Božiu slávu.

Tvoj silný životný príbeh je na Božiu slávu. Tvoj silný príbeh je žijúcim a trvalým dôkazom, že Boh existuje. Je to jasné celému tvorstvu a mala by si to poznať aj ty.

Ďalším stromom, ktorý sa v tomto úryvku spomína, je cyprus. Cyprus (vždyzelený strom) rastie v libanonských horách a je symbolom majestátneho vzrastu, ktorý niekedy dosahuje výšku 18 metrov. Tento strom plodí ovocie podobné šiške. Plody dorastajú do dĺžky asi 10 až 13 cm, potom sa rozlomia a ich obsah sa roztrúsi na zem. Toto „sladké mäsité ovocie" sa podáva pri všetkých radostných príležitostiach. Namiesto tŕnistého kríka vyrastie obrovský strom, ktorý prináša ovocie radosti.

OSLAVA VĎAČNOSTI A RADOSTI

Myrta, ktorá rastie namiesto bodliakov, symbolizuje mier a víťazstvo. Predstavuje všetko, čo regeneruje a obnovuje. Myrta je známa ako strom víťazstva pre svoju vôňu, vzhľad, zachovalosť a vytrvalosť. Boh hovorí: „Namiesto bodliakov vyrastie niečo voňavé, pekné, trvácne a z vytrvalosti vyrastie víťazný a pokojný život."

Bolo to už dávno, čo ste mali radostnú oslavu plnú vďaky? Ako dlho ste už neboli vďační za tie dobré časti svojho príbehu, ale aj za tie nevydarené? Pustite si hudbu a oslavujte Božiu dobrotu. Možno, len možno bude dnes trochu veterno a poľné stromy vám budú tlieskať, keď budete stúpať na vrchol svojej hory.

Keď sa presunieš k dvom vonkajším základovým pilierom povolania a spoločenstva, hlboké pravdy, ktoré si sa naučila v základových pilieroch o svojom vnútornom ja a Pánovej večeri, obohatia tvoj vonkajší život. Starostlivosť o svoju dušu a silu osobného príbehu nemôžeš preskočiť. Zabezpečujú plynulosť tvojho života a líderstva.

> Starostlivosť o svoju dušu a silu osobného príbehu nemôžeš preskočiť. Zabezpečujú plynulosť tvojho života a líderstva.

Otázky na zamyslenie

1) Na akú duchovnú horu si naposledy vystúpila?
2) Zamysli sa nad svojou cestou a všimni si, na ktorých miestach s tebou kráčal Boh a kde ťa povzbudzovalo celé tvorstvo.
3) Čo by si zaslúžilo usporiadať radostnú oslavu vďačnosti?

TRETIA ČASŤ

POVOLANIE: SILA BOŽIEHO ZÁMERU V NÁS

Skôr než som ťa utvoril v matkinom živote, poznal som ťa; skôr než si vyšiel z lona, posvätil som ťa; ustanovil som ťa za proroka národom.

—Jeremiáš 1, 5

Spoločná cesta pokračuje časťou Povolanie – Sila Božieho zámeru v nás. Tento základový pilier sa začína vonkajším zameraním lídra a nadväzuje na odhalenie vnútorných základových pilierov – vnútorného ja a Pánovej večere.

V tejto chvíli ste zistili, že v živote a v líderstve nie je až také dôležité to, čo robíme, ale to, kým sme. Keď je cesta spoločná (vykonáva ju kolektív ľudí, ktorí sa správajú ako skupina) so svojimi skupinovými diskusiami, individuálnym mentoringom a osobným hodnotením, cestujeme z jedného miesta na druhé s individuálnym plánom rastu.

Väčšina z nás má pravdepodobne na poličkách knižníc stohy kníh o líderstve a snaží sa navštevovať najnovšie konferencie, kde sa vplyvné osobnosti vo svojich oblastiach delia o vydarené príbehy týkajúce sa úspechu. Hoci čítanie materiálov o líderstve a účasť na takýchto konferenciách môžu byť užitočné, spoliehanie sa na tieto metódy často vedie skôr k všeobecnému rozvoju líderstva namiesto organického rastu.

Keď sa naše povolanie a líderstvo usiluje reprodukovať vzor víťazstva niekoho iného namiesto toho, aby sme sa pozreli hlbšie do svojho vnútra a rozvíjali svoje vlastné silné stránky, slabé stránky a jedinečné vlastnosti, je to ako keby sme sa obliekali do nadrozmerných šiat a topánok v márnej snahe dosiahnuť, aby univerzálny prístup fungoval aj v podmienkach nášho vlastného života.

Ako líderky si môžeme uvedomiť silu ženskosti, ktorá je lakmusovým papierikom na otestovanie nášho povolania. Lídri sú lídrami, ale prejavujú sa ako muži a ženy; prinášajú podobnosť aj odlišnosť. Povolanie – sila Božieho zámeru v nás – nemôže poprieť skutočnosť, že si ženou. Pri stole nepotrebujeme viac mužov ani žien, ktoré sa správajú a myslia ako muži. Pri stole potrebujeme ženy, ktoré povolal Boh.

> Pri stole nepotrebujeme viac mužov ani žien, ktoré sa správajú a myslia ako muži. Pri stole potrebujeme ženy, ktoré povolal Boh.

Po tom, ako Eric Metaxas napísal knihu *Seven Men and the Secrets of Their Greatness* (Sedem mužov a tajomstvo ich veľkosti), ktorá sa stretla s nečakane veľkým počtom pozitívnych ohlasov, si uvedomil, aký veľký hlad po hrdinoch existuje v kultúre. Ľudia sa ho potom začali pýtať, či nenapíše aj knihu o siedmich veľkolepých ženách. Opýtal sa svojich priateľov: „Ak to urobím, čie príbehy by som mal rozprávať?" Avšak odpovede boli sklamaním:

> *Pri príprave knihy o veľkolepých ženách som sa stretol s domnienkou, ktorá ma neprekvapila. Mnohí ľudia navrhovali ženy, ktoré ako prvé urobili niečo, čo už prv spravili muži. Spomínala sa Amelia Earhartová,*

ktorá v roku 1932 ako prvá žena sama preletela Atlantik, a tiež Sally Rideová, ktorá bola prvou Američankou vo vesmíre. *Na týchto návrhoch mi pripadalo nevhodné to, že predpokladali, že ženy by sa mali nejako porovnávať s mužmi. Ale zdalo sa mi nesprávne pozerať sa na ženy takýmto spôsobom. Veľkí muži v knihe* Sedem mužov a tajomstvo ich veľkosti *sa neporovnávali so ženami, prečo by sa potom ženy v knihe* Sedem žien *mali porovnávať s mužmi? Keď sa zamyslím nad siedmimi ženami, ktoré som si vybral, vidím, že väčšina z nich bola veľká z dôvodov, ktoré pramenia práve z toho, že boli ženami, a nie napriek tomu; a to, čo ich urobilo veľkými, nemá nič spoločné s tým, že by sa merali s mužmi alebo im konkurovali. Inými slovami, ich úspechy nie sú rodovo neutrálne, ale pramenia z ich výnimočnosti ako žien. Všetky existovali a napredovali ako ženy.*[42]

Žalm 68, 11 hovorí: „Pán prikázal hovoriť a veľký je zástup zvestovateliek víťazstva." V starovekom svete Izraelitov muži zvyčajne bojovali, ale ženy spievali víťaznú pieseň. Tak vzala Miriam pri prechode cez Červené more do rúk tamburínu a spievala na znak víťazstva: „Spievajte Hospodinovi, lebo sa veľmi preslávil! Koňa i jeho jazdca zmietol do mora." (2. Moj. 15, 21).

Podobne aj v knihe Sudcov v 5. kapitole sa nachádza Deborina pieseň: „Vidiek zostal pustý, dediny v Izraeli boli ako vymreté, kým som nepovstala ja, Debora, kým som nepovstala ja, matka v Izraeli." (5, 7). Debora, ako žena, bojovníčka a sudkyňa Izraela, bez ktorej Barak dokonca odmietol vstúpiť do boja, vniesla doň svoju ženskosť – a keď bitku vyhrali, zaspievala pieseň víťazstva. Obe tieto ženy sa nezľakli svojho povolania ani svojej ženskosti.

Cieľom života a líderstva pre základový pilier povolania je nosiť vhodný odev, nie nadrozmerné, univerzálne oblečenie. To „čo" sa v mojom líderstve už nemeria ľudskými pochvalami. Namiesto toho dovolím, aby moje povolanie vychádzalo

---
42 Eric Metaxas, 7 *Women and the Secrets of Their Greatness* (Nashville: Thomas Nelson, 2015), xiv-xv.

zvnútra a bolo v súlade s tým, kým som. Vďaka tomuto modelu môžem začať fungovať v tom zámere, pre ktorý ma Boh stvoril.

> Dovolím, aby moje povolanie vychádzalo z môjho vnútra a bolo v súlade s tým, kým som.

Všetko, čo vstupuje dovnútra, aj vychádza von a dáva priestor na prehlásenie o vízii a hodnotách, ktoré vychádzajú z času stráveného s Bohom a z Jeho zámeru, ktorý so mnou má. Potom si môžem vypracovať plán, ktorý je výsledkom pohľadu z neba a nie môjho pohľadu zo zeme.

Väčšina tohto základového piliera smeruje k vypracovaniu prehlásenia o vízii a hodnotách (príloha H) pre tvoj život a líderstvo. Ako príklad som priložila ukážku toho svojho.

Keď si chceš premyslieť znenie týchto dvoch prehlásení, začni slovami, ktoré ťa definujú. Čo hovoria ľudia najčastejšie, keď ťa majú opísať? Pre čo si zapálená? Aké je tvoje *jedinečné Slovo*? Ak ti nie je jasné, ako postupovať pri tvorbe prehlásenia o vízii a hodnotách, a potrebuješ podrobnejšie pokyny, neváhaj a vyhľadaj si ich na internete. Cieľom je pochopiť, aké dôležité je vedieť jasne komunikovať to, na čo sme ako lídri určení.

Vyhodnotenie povolania

- Napíš si svoje prehlásenie o vízii a hodnotách.
- Snívaj s Bohom – vytvor si osobný zoznam s cieľmi a konkrétnymi krokmi.

Aplikácia do života – Povolanie

Príloha D: Prehlásenie o vízii a hodnotách
Tabuľka 3. Základový pilier 3: Povolanie

POVOLANIE	POVOLANIE	POVOLANIE	POVOLANIE
Vyjadrenie duše	Vyjadrenie vedomia	Vyjadrenie srdca	Tvorivé vyjadrenie
Prehlásenie o vízii a hodnotách			
Vyčleň si čas na duchovné cvičenie/ústranie. Bolo by skvelé, keby si si vedela vyhradiť 24 hodín. Ak to nie je možné, skús si vytvoriť aspoň 4- až 8-hodinové nerušené časové okno na zamyslenie a modlitbu za tvoje prehlásenie o vízii a hodnotách. Modli sa za Slovo od Boha pre toto dané obdobie života. Zahrň toto Slovo alebo frázu do svojho osobného záznamu.	Prečítaj si knihu Courage and Calling: Embracing Your God-Given Potential od Gordona T. Smitha. Pokračuj v tvorbe prehlásenia o vízii a hodnotách.	Ak je to možné, vráť sa a navštív miesto, ktoré je pre teba osobne významné. Možno je to miesto, kde si prijala Krista alebo kde si začula Boží hlas ohľadom nejakého konkrétneho sna, ktorý ti dal Boh do srdca. Vyjadri to obrázkom alebo popíš túto skúsenosť. Nuž, myslím si, že to znesie aj Instagram.	Objavila si počas tejto cesty to tvoje Slovo? Ak áno, popusti uzdu kreativite v tom, ako to vyjadríš, aby ti to pripomínalo prehlásenie hodnôt a tvoje povolanie.

Tip na knihu

Barsh, Joanna, and Susie Cranston. *How Remarkable Women Lead: The Breakthrough Model for Work and Life.* New York: Crown Business, 2009.

KAPITOLA 9
ZMYSEL A VÁŠEŇ

Preto ti pripomínam, aby si roznecoval oheň Božieho daru, ktorý si dostal vkladaním mojich rúk. Boh nám totiž nedal ducha bojazlivosti, ale Ducha sily, lásky a rozvahy.
—2 Timoteovi 1, 6 – 7

Si líderkou, inak by si tu nebola. Otázkou je, či máme jasno v tom a vášeň pre to, čo, kde a ako Boh chce, aby sme viedli. Lídri majú v sebe hlbokú vášeň, ktorá ich ženie, aby prinášali zmenu; neexistuje žiadne plánovanie ani vytýčený cieľ toho, ako túto vášeň poháňať a ako ju uplatniť v každodennom živote a líderstve.

Kniha *How remarkable women lead* (*Ako vedú výnimočné ženy*) odkrýva 5 najčastejších faktorov, ktoré mali ženy zahrnuté v štúdii.[43]

---

[43] Joanna Barsh and Susie Cranston, *How Remarkable Women Lead: The Breakthrough Model for Work and Life* (New York: Crown Publishing, 2009), 10, 11.

1) Význam: zmysel pre význam je to, čo inšpiruje líderky, vedie ich celú kariéru, udržiava ich optimizmus, vytvára pozitívne emócie, umožňuje im viesť tvorivo a dôsledne.

2) Vytváranie rámcov: na to, aby sme sa udržali v jednej línii líderstva a fungovali ako líderky, musíme jasnee vnímať situácie a zamedziť klesajúcim tendenciám, aby sme sa posúvali vpred, vedeli sa prispôsobiť a zavádzať riešenia.

3) Prepojenie: nikto to nedá osamote. Ženy ako líderky vytvárajú zmysluplné prepojenia, aby tak vytvorili priestor na vzťahy s tými, ktorí do nich investujú a ktorí ich nasledujú, spolupracujú s kolegami a tými, ktorí sú oporou, a to s citom a ľudskosťou.

4) Zapojenie: úspešné líderky využívajú príležitosti spojené s rizikom. Majú svoj hlas a používajú ho. Sú schopné čeliť vlastným obavám a strachom.

5) Dopĺňanie energie: na to, aby ženy líderky boli dlhodobo úspešné a zvládali rodinné a pracovné zodpovednosti, potrebujú vedieť vyvážene hospodáriť so svojimi energetickými rezervami a ostať takto v rovnováhe.

Význam prekonal všetky ostatné z týchto piatich faktorov prispievajúcich k úspešnosti líderiek. Porozumenie tomu, čo nás inšpiruje a čo je našou vášňou, napomáha podporiť všetky ostatné oblasti, umožňuje nám viesť tvorivým a dômyselným spôsobom.

Porozumenie tomu, čo nás inšpiruje a čo je našou vášňou, napomáha podporiť všetky ostatné oblasti, umožňuje nám viesť tvorivým a dômyselným spôsobom.

Význam v práci a živote možno datovať do obdobia starovekého Grécka: „V štvrtom storočí pred Kristom Aristoteles napísal, že ľudia dosiahnu stav *eudaimonia* (stav „prekvitania"), keď naplno využívajú svoje talenty, a tak vedia dosiahnuť svoj základný životný cieľ.[44]

2 Tim 1, 6 nám pripomína zameranie na význam a vášeň: „Preto ti pripomínam, aby si roznecoval oheň Božieho daru, ktorý si dostal vkladaním mojich rúk."

Oblasť pozitívnej psychológie prepája zmysluplnú aktivitu so šťastím:

> *Význam je v živote motiváciou. Je to nájdenie toho, čo ťa zaujíma, čo ti rozbúcha srdce, čo ti pridáva životnú energiu a generuje vášeň. Význam ti umožňuje zájsť až na pokraj tvojich schopností a daleko za ne.*[45]

Na to, aby sme vedeli definovať význam života, sa na chvíľu pokúsime zodpovedať niekoľko otázok:

- Aké sú tvoje hlavné silné stránky? Každý ich má. Rada sa učíš? Máš rada spravodlivosť? Si tvorivá duša? Si analytická?
- Čo je zmyslom tvojho života?
- Čo ťa motivuje?
- Čo ti odoberá životnú energiu?
- Robí ťa samotná práca šťastnou, bez ohľadu na ocenenie či prestíž?

Ako vo svojej knihe *Courage and Calling* (*Odvaha a povolanie*) uvádza Gordon T. Smith:

> *Keď hovoríme o povolaní, robíme tak s úctou k výnimočnému potenciálu každej osoby priniesť zmenu k lepšiemu. Tým nemyslím to, že každý potrebuje byť hrdinom. Skôr to, že uprostred obyčajných vecí každodenného života má práca, ktorú vykonávame, kapacitu byť dobrou prácou. Taká práca môže mať vysokú cenu a značný význam.*[46]

---

44 Barsh and Cranston, *How Remarkable Women Lead*, 21.
45 Barsh and Cranston, *How Remarkable Women Lead*, 22.
46 Gordon T. Smith, *Courage and Calling: Embracing Your God-Given Potential* (Downers Grove, IL: InterVarsity Press, 2011), 19.

Bez uvedomenia si významnosti v každom období života, napätie zo služby zvykne prehlušiť zmysel pre sebahodnotu jednotlivca a zatieni to, ako rozumieme povolaniu. Emočné zdravie a kondícia sú pre povolanie dôležité, ale význam prispieva k faktoru šťastia. Štúdie ukazujú, že šťastie je motivujúce, šťastné tímy sú kreatívnejšie, lídri, ktorí žiaria šťastím, sú efektívnejší, a šťastie zlepšuje telesné zdravie, ako aj vytrvalosť a odolnosť.[47]

Jeremiáš 1, 5 uvádza: „Skôr než som ťa utvoril v matkinom živote, poznal som ťa; skôr než si vyšiel z lona, posvätil som ťa; ustanovil som ťa za proroka národom". Identifikácia osobnej jedinečnosti, silných a slabých stránok, vášní sa stane jasnejšou, keď rastieme v závislosti od Toho, ktorý nás stvoril.

V knihe *Strengthening the Soul of Your Leadership* (*Posilnenie duše tvojho líderstva*) prináša autorka Ruth Haley Barton silnú pravdu:

Povolanie neprichádza ako hlas zvonku, aby som bola niekým, kým vlastne ani nie som. Prichádza ako hlas zvnútra, ktorý ma volá, aby som bola osobou, akou som sa narodila, aby som naplnila originálnu podstatu seba samej, ktorá mi je Bohom daná pri narodení.[48]

Keď lídri začlenia túto pravdu do svojej každodennej praxe líderstva. zverujú svoju istotu o nadaní, schopnostiach a vízii Stvoriteľovi, a nie stvoreniu. Svoju tvrdú prácu a snahu odovzdávajú vševediacemu a všemocnému Bohu; potom bežia tento beh pokojným tempom.

Otázky na zamyslenie

1) Prejdi si 5 faktorov žien v líderstve: význam, vytváranie rámcov, prepojenie, zapojenie, dopĺňanie energie. Ktorý z týchto piatich ti v živote chýba? Ktorý do tvojho života a líderstva prichádza ľahko?

2) Vyhraď si čas na to, aby si definovala svoj zmysel života odpoveďami na základné otázky v rámci tejto kapitoly:

---

47 Barsh and Cranston, *How Remarkable Women Lead*, 24.
48 Ruth Haley Barton, *Strengthening the Soul of Your Leadership*, 77.

3) Ktoré sú tvoje vnútorné silné stránky?
4) Čo je zmyslom tvojho života?
5) Čo ťa motivuje? Čo ti odoberá životnú energiu?
6) Robí ťa samotná práca šťastnou, bez ohľadu na ocenenie či prestíž?

KAPITOLA 10
VŠETKO JE O TEBE A ZÁROVEŇ TO VÔBEC NIE JE O TEBE

Amen, amen, hovorím vám: Ak pšeničné zrno, ktoré padne do zeme, neodumrie, zostane samo. Ale ak odumrie, prinesie veľkú úrodu.

—Ján 12, 24

Nebola som rodený líder, nebola som medzi mladými „Niekto". Keď som prišla na pôdu biblickej školy, ktorú som navštevovala, bola som neistá, túžila som po domove, chýbalo mi sebavedomie a bola som ustráchaná. Ale vedela som, že robím to, čo chce Boh, aby som robila, a že som tam, kde ma chce mať. Nebola som v spevokole (čo je smiešne, pretože som sa nakoniec stala vedúcou chvál a uctievania) ani som nechodila na výjazdy so služobníckymi skupinami (to bola veľká vec). Často som sa cítila prehliadaná a bála som sa v triede ozvať.

Nebola som rodený líder, nebola som medzi mladými „Niekto".

Všetko sa však jedného dňa zmenilo – keď som sedela na hodine o misii, kde som sa strategicky skryla zo strachu, že ma niekto vyvolá. Profesor David Wyns predstavil triede projekt, ktorý sa mal realizovať pod vedením piatich lídrov skupín.

Keď vymenoval tých, ktorých vybral, zarazilo ma, že ja som bola jedným z piatich lídrov triedy. Pomyslela som si: „*Nie, ja nie som líder. Ja nie som tá pravá. Snažila som sa zostať pred skupinou skrytá, len aby ma nevybrali. Nie je si vedomý toho, že ja to nedokážem?*"

Keď som v ten večer o svojej situácii uvažovala, predsavzala som si, že jediným riešením bude stretnúť sa na druhý deň s profesorom a poprosiť ho, aby mi dovolil ustúpiť, a skupinu by tak mohol viesť niekto schopnejší. Na stretnutie som prišla s dôkladne vypracovaným zoznamom všetkých dôvodov, prečo by som nemala byť jedným z lídrov.

Na záver som povedala: „Profesor Wyns, vybrali ste si na vedenie skupiny nesprávnu osobu."

Odpovedal mi: „Nie, Lisa, vybral som tú *správnu*. Len o tom ešte nevieš."

Mojžiš sa pri svojom zážitku s horiacim kríkom snažil Bohu predložiť mnoho presvedčivých argumentov, prečo ho ostatní nebudú nasledovať. Základnou pravdou pre Mojžiša a pre nás všetkých je, že žiadny z týchto dôvodov nemá význam vo svetle toho, ktorý povoláva:

> *V tomto úžasnom dialógu zažil Mojžiš ten veľký paradox povolania: Boh v podstate hovorí, že ide o teba (pretože ty si človek, ktorého si Boh povolal) a zároveň vôbec nejde o teba (pretože išlo o Boha a Jeho pôsobenie v tebe a cez teba).*[49]

---

[49] Barton, *Strengthening the Soul of Your Leadership*, 81.

Slovo *líderstvo* má viacero významov: hlavný, popredný, najpodstatnejší, najvýznamnejší a najdôležitejší. Pri porovnaní s Ježišovým modelom vedenia sa však žiadne z týchto slov alebo slovných spojení nezdá byť výstižné. Ježiš sa rozhodol iným umyť nohy skôr, ako sa postarajú o tie jeho. Učil princíp, že posledný je prvý a prvý je posledný.

Viete si predstaviť, ako by vyzeralo stretnutie tímu vytvárajúceho víziu v prvej cirkvi? Peter by sa ozval a povedal: „Hej, počujte, bol nám zverený tento poklad – Ježiš nám odovzdal posolstvo, čo máme robiť?"

Povolanie si od nás vyžaduje, aby sme viedli v tom, ako nasledujeme Krista, a súčasťou tejto požiadavky je aj to, že musíme zomrieť sami sebe a vziať na seba svoj kríž, aby sme nasledovali Ježiša. K tomu umieraniu dochádza už na začiatku procesu povolania a deje sa to priebežne. Keď príde reč na umieranie, som trochu ako Peter: „Všetky tie reči o umieraní, Pane – nie!" Ježiš ho však pokarhal a povedal: „Choď za mnou, satan" (Lk 4, 8). Smrť a umieranie budú vždy súčasťou tohto procesu.

Slová ako *nezištnosť, obetavosť, dávanie* a *umieranie* nepatria k často používaným – aspoň nie u mňa. Konotácie týchto slov vo mne zvyčajne vyvolávajú strach, že jedného dňa ma Boh bude brať na zodpovednosť za vážnosť každého slova. Toto evanjelium „umierania sebe samému" a princíp „menej mňa a viac teba" je stále ťažké prijať. Kto chce prijať ťažkosti?

Akceptácia ťažkostí a nežiaducich okolností je však súčasťou procesu umierania sebe samému. Môže ísť o chorobu, stratu milovanej osoby, stratu financií, neochotu odpúšťať, rôzne prechody a podobne. Faktom však je, že potrebujeme vystúpiť z nášho pohodlia, aby sme zomreli sebe a viedli dobre.

Pri povolaní a líderstve zažijete mnoho „temných nocí duše", čo je výstižná fráza, ktorú napísal kňaz a básnik 16. storočia sv. Ján z Kríža. Ježiš hovoril svojim učeníkom o ťažkej ceste, ktorú budú musieť prejsť. Autor David Platt o tom píše:

> Pri inej príležitosti, hneď po tom, ako Ježiš pochválil Petra za jeho vyznanie viery, keď povedal, že Ježiš je „Kristus, Syn živého Boha", ho vzápätí

pokarhal za to, že nepochopil veľkosť toho, čo to znamená. *Podobne aj dnes mnohí ľudia, tak ako Peter, chcú Krista bez kríža a Spasiteľa bez akéhokoľvek utrpenia.* Ježiš sa teda pozrel na Petra a ostatných učeníkov a povedal: „Ak chce niekto ísť za mnou, musí zaprieť sám seba, vziať svoj kríž a nasledovať ma. Lebo ktokoľvek by chcel svoj život zachrániť, stratí ho, ale kto svoj život pre mňa stratí, nájde ho."⁵⁰

Viesť tak, že nasleduješ povolanie, znamená byť ochotný ísť na nebezpečné miesta, robiť ťažké veci a dovoliť, aby do života vstúpilo nepohodlie v prospech evanjelia – vziať svoj kríž a nasledovať Ho, kamkoľvek by nás On viedol a za akúkoľvek cenu. Prvých učeníkov to stálo život.

V júli 2014 čelila moja rodina realite smrti pre šírenie Božieho kráľovstva, keď počas misijnej cesty v Indii zomrel môj brat. K nehode došlo, keď spolu s mužmi z cirkvi a misionárom putovali Himalájami, aby šírili evanjelium.

Po Terryho smrti nám misionár rozprával príbeh, ktorý sa stal niekoľko dní predtým. Stretli sa v základnom tábore, aby si prešli zoznam užitočných pravidiel, ktorými sa majú riadiť, keď budú s ľuďmi nadväzovať kontakt a aby porozumeli ich kultúre.

Na konci stretnutia prišiel Terry osobne k misionárovi a povedal mu: „Na konci tejto cesty ti dám ešte jedno pravidlo, ktoré si pridáš do svojho zoznamu." Keď spolu s ďalšími dvoma mužmi niesli jeho telo na provizórnych nosidlách do neďalekej dediny, misionárovi zrazu napadlo, že Terry napísal pravidlo číslo jedenásť, ktoré znelo: *Môže ťa to stáť život, si aj tak ochotný ísť?* Predstava, že vy alebo ja by sme doslova zomreli kvôli Kristovi, je nepravdepodobná, ale Ježiš hovorí o duchovnom princípe, ktorý lídri nemôžu ignorovať – o umieraní sebe samému. Lídri musia vziať svoj kríž a nasledovať Ježiša. Musia viesť v tom, ako nasledovať. Hoci to zvyčajne nedáva zmysel, teno princíp je praxou, ktorú musia lídri vykonávať.

---

50 David Platt, *Follow Me: A Call to Die. A Call to Live* (Carol Stream, IL: Tyndale House Publishers, Inc., 2013), 11.

Predstava, že vy alebo ja by sme doslova zomreli kvôli Kristovi, je nepravdepodobná, ale Ježiš hovorí o duchovnom princípe, ktorý lídri nemôžu ignorovať - o umieraní sebe samému.

Vzájomnosť, ktorá sa týka povolania, prichádza pri umieraní. V Jánovi 12, 24 sa píše, že „ak pšeničné zrno nepadne do zeme a neodumrie, zostane len jediným semenom. Ak však zomrie, prinesie mnoho úrody."

Otázky na zamyslenie

1) Cítiš sa niekedy v rámci svojho povolania neistá, si nerozhodná alebo sa bojíš?

2) Venuj nejaký čas modlitbe za túto oblasť a dovoľ Bohu, aby prehovoril do tvojho života o dôvodoch, prečo sa cítiš neisto alebo máš strach.

3) Zažila si moment pri horiacom kríku? Ak áno, napíš o tom alebo sa o ten moment podeľ s priateľkou.

KAPITOLA 11
VÍZIA A HODNOTY

Blahoslavený ten, kto nechodí podľa rady bezbožných, nestojí na ceste hriešnikov, nesedáva v kruhu posmešníkov, ale záľubu má v zákone Hospodina, o jeho zákone rozjíma dňom i nocou. Bude ako strom zasadený pri vodných tokoch, čo úrodu dáva vo svojom čase, jeho lístie nevädne a všetko, čo robí, darí sa mu.
—Žalm 1, 3

Sme takmer na konci našej cesty za povolaním. Dúfam, že pracujete na prehlásení o svojej vízii a hodnotách a tešíte sa z objavovania toho, čo vám prináša zmysel a vášeň, ktoré spôsobujú, že žiarite.

Apoštol Pavol píše: „Preto sa i stále modlíme za vás a za to, aby vás náš Boh urobil hodnými povolania a svojou mocou splnil každý dobrý zámer a dielo viery" (2 Tesaloničanom 1, 11). Modlím sa za vás, a keď to, ako vediete, vychádza z tohto pokorného postoja, viem, že Boh napĺňa vaše dobré nápady skutkami viery tak, že vaša práca prinesie oveľa viac, než si dokážete predstaviť.

Rada by som vám predstavila ešte jedno cvičenie, ktoré môžete použiť ako pomôcku. Je to Osobný záznam a plán rastu. Navrhujem vám vypracovať si trojmesačný plán a po uplynutí tohto času sa k nemu opätovne vrátiť.

Prijmite myšlienku, že vás Boh túži viesť.

Plán sa odvíja od „cvičenia v načúvacej modlitbe (nie sebazdokonaľovania) a cielenej spolupráce (nie sebausmerňovania)".[51] Pri počúvaní uvažuj a prijmi myšlienku, že Boh ťa túži viesť.

(Príloha D)
Osobný záznam a plán rastu:
Dátumy: _____

Duchovný život	Telesná stránka	Rodina	Služba	Sabat/ Odpočinok
Štúdium Slova.	Byť zdravší.			
Začať študovať kapitolu alebo knihu z Biblie. Začať sa učiť verše naspamäť a zapisovať si do denníka.	Zdravo sa stravovať: vynechať väčšinu cukrov. Jesť viac ovocia a zeleniny.			
Študovať modlitbu.	Cvičenie: snažiť sa cvičiť 30 minút 5 dní v týždni.			
Vytvoriť si čas na načúvanie Bohu, na utíšenie sa.				
Využívať rána na štúdium a modlitbu.				

Svoju cestu v rámci tohto plánu rastu merajte rozpoznávaním Božej prítomnosti vo svojom živote – z pohľadu „z neba na zem" (tzv. nebeská

---

51 Alicia Britt Chole, "Movement Two: Toward Intentionality, Week Eight," *The 7th Year*, March 16, 2015, www.the7thyear.com.

perspektíva), nie „zo zeme smerom nahor" (tzv. pozemská perspektíva). Pohľad zo zeme je zameraný na výkon a odškrtávanie úloh zo zoznamu. Pohľad z neba je to, keď sa Boha pýtame, čo si myslí *On* – ako sa nám darí, či je náš život v súlade s Jeho zámermi viac ako predtým, či si stále viac uvedomujeme, aké dôležité je uplatňovať sabat. Tento pohľad zhora hľadá odpoveď na otázku: „Bože, čo vidíš?" Premyslite si, aké zdroje budete potrebovať na plán svojho rastu.

Pri vypĺňaní prehlásenia o vízii a hodnotách a osobného záznamu/plánu rastu majte na pamäti etapy života. Pre tých z vás, ktorí ste v ranom až strednom veku, je to obdobie, v ktorom sa etablujete vo svete. Pre väčšinu z vás to bude čas, keď si budujete kariéru a prípadne si zakladáte rodinu. V tomto období si zvykneme klásť základnú otázku týkajúcu sa našej identity: *Kto som uprostred toho všetkého?*

V tejto chvíli sa musíme rozhodnúť, čo sú naše silné stránky, túžby, temperament a to, čo prináša v plnosti prejav toho, kým sme. „Je pravdepodobne férové povedať, že sami seba skutočne spoznáme až po tridsiatke, a preto nemôžeme prejsť do strednej dospelosti – úplnej dospelosti skôr.

„Jasné rozhodnutie, čomu sa chcem profesijne venovať, môže prísť až potom, keď sami so sebou žijeme dostatočne dlho na to, aby sme sa mohli spýtať napríklad: Na čom mi záleží najviac?"[52] Možno ste nadaní v mnohých oblastiach a to rozhodovanie poriadne sťažuje. Vyžaduje si to schopnosť rozlišovať a tiež naučiť sa povedať niektorým veciam *nie* a iným *áno*.

Ak si nedáme pozor, tieto rozhodnutia môžu priniesť chaos a spôsobiť úzkosť. Preto sú cvičenia, ktoré som do tohto kroku zaradila, užitočné pri definovaní toho, kým ste. Zistila som, že sa časom vyjadrujem rôzne, ale to, kto som, sa skôr zhoduje s mojím vnútorným ja.

---

[52] Gordon T. Smith, *Courage and Calling*, 85.

> Odovzdaj Bohu svoje neistoty týkajúce sa tvojho povolania a načúvaj Jeho slovám uznania.

Na záver tejto časti venuj nejaký čas preskúmaniu svojej vízie a hodnôt. Zamysli sa a poďakuj za to, kým si, a za vášne, ktoré ti vložil do srdca Boh. Odovzdaj Bohu svoje neistoty týkajúce sa tvojho povolania a načúvaj Božím slovám uznania.

Otázky na zamyslenie

1) Ako by mohol pohľad z neba zmeniť tvoj život?
2) Bojuješ niekedy s úzkosťou? Ak áno, v čom je podľa teba jej koreň? Je to túžba po dokonalosti? Je to prílišné nasadenie? Neistota?
3) Na čom ti najviac záleží?

ŠTVRTÁ ČASŤ

SPOLOČENSTVO: SILA VZÁJOMNEJ PREPOJENOSTI

Dobre mienené sú údery milujúceho a hojné sú bozky toho, kto nenávidí.

—Príslovia 27, 6

Vitajte pri štvrtom a poslednom základovom pilieri *Spoločnej cesty* Spoločenstvo: Sila vzájomnej prepojenosti. Tento krok zameraný smerom von vychádza z hlavného problému, ktorému čelia ženy v líderstve – z osamelosti. Ženy sa často dostávajú do úzadia a sú vylúčené od stola, pri ktorom dominujú mužskí lídri, a zároveň sa stretávajú s odmietnutím zo strany iných žien, ktoré – zaujaté svojimi vlastnými predsudkami – nechápu, že povolanie nie je rodovo podmienené.

Dôležitosť komunity v živote človeka nemožno podceňovať.

Spoločenstvo v živote človeka hrá dôležitú úlohu, preto ho nemožno podceňovať. Ježiš bol príkladom lásky k spoločenstvu: „A preto, že miloval svojich, ktorí boli na svete, preukázal im dokonalú lásku." (Jn 13, 1). Ženy si nesmú dovoliť silu spoločenstva zľahčiť. „Robiť ústupky, pokiaľ ide o spoločenstvo, znamená ustupovať voči našej podstate, a následkom toho je, že by sme už ani nemali nič hodnotné, čo by sme mohli ponúknuť iným."[53] Staré africké príslovie hovorí: „Ak chceš cestovať rýchlo, cestuj sám, ak chceš cestovať ďaleko, cestuj s niekým." Na posilnenie tejto myšlienky a na záver tohto posledného základového piliera si vyskúšate hodnotiaci nástroj od spoločnosti *Habitudes* týkajúci sa vzťahov.[54] Hodnotenie sa zaoberá šiestimi rôznymi typmi komunít: Vzory – ľudia, ktorí robia to, čo vy; Hrdinovia – ľudia, ku ktorým vzhliadate a ktorých obdivujete; Mentori – ľudia, ktorí vás koučujú a investujú do vás; Partneri – ľudia, ktorí idú spolu s vami a ktorým sa zodpovedáte; Okruh najbližších – tí, ktorí sú vám najbližší, rodina a dobrí priatelia; Mentorovaní – ľudia, ktorí sa od vás učia.[55] V tomto hodnotení nemusíte vyplniť všetky prázdne miesta, ale mali by ste v modlitbe hľadať osoby, ktoré sa môžu stať súčasťou vášho spoločenstva, v ktorom je silná dôvera.

C. S. Lewis raz povedal: „Priateľstvo sa rodí v okamihu, keď jeden človek povie druhému: ,Čože! Aj ty? Myslel som si, že som jediný.'"[56] Lisa McKayová poukazuje na hodnotu priateľstva: „Dochádza k okamžitému spojeniu, keď vieme, že vo svojom nadšení a bolesti nie sme sami."[57] Dôverné spoločenstvo zdieľa silu nášho príbehu a kladie dôraz na fakt, že na ceste líderstva nie sme sami.

Aj Ježiš mal svoj okruh ľudí, s ktorými dôverne zdieľal svoju cestu. Vytvoril spoločenstvo s dvanástimi učeníkmi, do svojho úzkeho kruhu prizval Petra, Jakuba a Jána a celé svoje srdce zveril Bohu, svojmu Otcovi. V poslednom základovom pilieri, spoločenstve, vďačne odhalíte akýkoľvek nedostatok alebo naopak dostatok

---

53 Barton, *Strengthening the Soul*, 176.
54 Tim Elmore and Harvey Herman, *Habitudes: Images That Form Leadership Habits and Attitudes* (Atlanta, GA: Growing Leaders, Inc., 2013), 17.
55 Elmore and Herman, *Habitudes*, 17.
56 Lisa McKay, *You Can Still Wear Cute Shoes* (Colorado Springs: CO: David C. Cook, 2010), 95.
57 McKay, *You Can Still Wear Cute Shoes*, 95.

jestvujúceho spoločenstva a potom budete v modlitbách budovať ešte pevnejšie spoločenstvo, ktoré vám bude pomáhať vo vašom osobnom živote a líderstve.

Vyhodnotenie Spoločenstva

- Preskúmaj a vyplň vyhodnotenie na strane, kde sú uvedené zdroje vzťahov. (Príloha I)
- Rozvíjaj lepšie porozumenie spoločenstva a to, ako súvisí s našimi vzťahmi v tele Kristovom.
- S vďačnosťou objav dostatok alebo nedostatok čohokoľvek v spoločenstve a potom s modlitbou vybuduj pevnejšie spoločenstvo, ktoré ti bude pomáhať v osobnom živote a v líderstve.

Aplikácia do života – Spoločenstvo

Tabuľka 4. Základový pilier: Spoločenstvo

SPOLOČENSTVO	SPOLOČENSTVO	SPOLOČENSTVO	SPOLOČENSTVO
Vyjadrenie duše	Vyjadrenie vedomia	Vyjadrenie srdca	Tvorivé vyjadrenie
Toto duchovné cvičenie alebo deň odpočinku absolvuj spolu s priateľom alebo mentorom. Uisti sa, že je to niečo životodarné. Ďakuj Bohu za toto vzájomné prepojenie.	Preskúmaj vzťahy medzi priateľmi alebo mentormi v Biblii, napríklad medzi Jonatánom a Dávidom, Naomi a Rút alebo Pavlom, Timotejom a Títom.	Pošli zopár ďakovných správ niekoľkým ľuďom uvedeným na stránke, kde máš svoje zdroje vzťahov, a poďakuj im za to, že ovplyvnili tvoj život. Buď konkrétna a adresná.	Vyrob si niekoľko kartičiek, ktoré môžeš poslať v rámci precvičenia vyjadrenia svojho srdca. Použi kreatívne potreby alebo vytlač fotografie seba a osoby, ktorej posielaš poďakovanie. Bude to ďalšia pripomienka toho, ako ovplyvnili tvoj život iní ľudia.

Tip na knihu na tému Spoločenstvo

Brown, Brené. *Braving the Wilderness: The Quest for True Belonging and the Courage to Stand Alone.* New York: Random House, 2017.

KAPITOLA 12
BOLA SI STVORENÁ PRE SPOLOČENSTVO

Pozdvihujem svoje oči k horám, odkiaľ prichádza moja pomoc [ezer]. *Moja pomoc* [ezer] *je od Hospodina, ktorý učinil nebesia i zem.*
—Žalm 121, 1 – 2

Mala som dvadsaťosem rokov a dve malé deti. Presťahovali sme sa na nové pôsobisko, kde bolo všetko inak. Bol to už môj tretí zbor, v ktorom som mala pôsobiť ako manželka pastora. Z predchádzajúcich miest, kde som slúžila, som si so sebou niesla zranenia, smútok; pancier, ktorý som si okolo svojho srdca vybudovala, ma chránil pred milými ľuďmi, ktorí sa so mnou pokúšali spriateliť.

V istom okamihu môjho očividne depresívneho stavu sme sa s manželom rozhodli, že potrebujem navštíviť poradcu, niekoho, kto by mi pomohol prekonať to trápenie a viedol ma k uzdraveniu. Keď som sedela v čakárni poradne, bola som na dne oveľa viac, ako som si v tej chvíli uvedomovala.

Vyliala som si srdce (áno, *vyliala* som si ho a rozplakala som sa). Poradca ma pozorne počúval a dal mi niekoľko návrhov. Na konci, keď som si myslela, že povie niečo hlboké a všetko pominie, sa na mňa pozrel a povedal: „Lisa, kto sú tvoje kamarátky?" Sedela som ticho a nedokázala som si spomenúť na jediného človeka, ani na jedinú priateľku. Pristupoval ku mne láskavo, ale povedal mi: „Tvojou domácou úlohou na tento týždeň je nájsť si kamarátku."

Cestou domov som si vymýšľala všemožné dôvody, prečo si nemôžem nájsť kamarátku, najmä keď mám na to len jeden týždeň. Zaparkovala som na príjazdovej ceste k nášmu domu, sklonila hlavu a pomodlila sa túto modlitbu: *Milý Bože, bez Teba to nezvládnem. Prosím, veď ma k takej priateľke, ktorej môžem otvoriť svoje srdce.* Nasledujúci deň sa začal bežným odvozom detí do školy. Andrew potreboval, aby som mu podpísala nejaké povolenie, a tak som zašla na chodbu malej kresťanskej školy, ktorú naše deti navštevovali. Keď som smerovala k autu, aby som doma zasa prežila svoj obyčajný deň ženy v domácnosti, pocítila som ťažobu spôsobenú mojím stretnutím s poradcom.

Keď som vychádzala z budovy, dve ženy, ktoré boli v našej cirkvi a škole nové, sa ma spýtali, aké mám plány a či by som sa k nim nechcela pridať na kávu. Zarazená ich otázkou som začala premýšľať nad tým, či tie dve ženy, ktoré stáli predo mnou, boli odpoveďou na moju modlitbu.

V ten deň Svätý Duch otvoril naše srdcia a my sme získali viac než len posedenie pri káve. Ann, Naomi a mňa spája blízke priateľstvo, ktoré je silné aj po dvadsiatich piatich rokoch. Vďaka ich priateľstvu a vplyvu na môj život som dnes lepším lídrom.

Pointa toho celého je jednoduchá – k spoločenstvu nevieš dôjsť skratkou. Hoci bude všetko ostatné zosúladené, polička zaškrtnuté a budeš mať dobré meno, to z teba skvelého lídra nespraví. Udržateľné líderstvo má svoje miesto práve v spoločenstve.

Udržateľné líderstvo má svoje miesto práve v spoločenstve.

BOLA SI STVORENÁ PRE SPOLOČENSTVO 109

Osamelosť je pre ženy v líderstve veľakrát problémom číslo jeden. Osamelosť, ktorú pociťujeme ako líderky, nás často môže nasmerovať k ďalším nezdravým líderským praktikám: „Keď sa cítime izolované, odpojené a osamelé, snažíme sa chrániť. Chceme sa spájať, ale náš mozog sa snaží potlačiť spojenie sebaobranou. To znamená slabé prejavovanie súcitu, väčšia obrana, viac znecitlivenia a menej spánku."[58]

Nedostatok spoločenstva a vzájomných vzťahov, podpornej siete a strata priateľstva vedú k oslabenosti a zraniteľnosti. Líderstvo spôsobuje, že sme zaneprázdnení a často pri rozvíjaní a udržiavaní blízkych vzťahov nám stojí v ceste práve časové obmedzenie. Brownová však podotýka, že „početné štúdie potvrdzujú, že v skutočnosti nezáleží na množstve priateľov, ale na kvalite tých niekoľkých vzťahov".[59]

Ježiš tento princíp dobre modeloval tým, ako hovoril k zástupom, ako učil dvanástich, aký blízky bol jeho vzťah s okruhom najbližších (Petrom, Jakubom a Jánom) a ako všetko hovoril v modlitbe Bohu. Ak Ježiš potreboval, aby s ním po ceste išli aj iní, o čo viac *potrebujeme* spoločenstvo na ceste životom my? Keď prišiel čas, aby Ježiš urobil to, čo potreboval vykonať sám – umrieť na kríži –, bol pripravený.

Bez toho, aby sme sa púšťali do dlhého štúdia hebrejských slov *ezer-kenegdo*, je dôležité všimnúť si súvislosť medzi spoločenstvom a stvorením ženy. V 1. Moj. 2, 22 sa píše:

> *Z rebra, ktoré vybral Hospodin, Boh, človekovi, utvoril ženu a priviedol ju k nemu. Tu človek zvolal: „Toto je konečne kosť z mojich kostí a telo z môjho tela! Bude sa volať mužena, lebo bola vzatá z muža!"*

Slovo *ezer* použité pre „ženu" v doslovnom preklade znamená „polovica". *Kenegdo* znamená „vhodný". Hebrejské slovo *ezer* v mužskom rode sa v Starom zákone používa dvadsaťjeden ráz a častejšie sa vzťahuje na samotného Boha:

---
58 Brené Brown, *Braving the Wilderness: The Quest for True Belonging and the Courage to Stand Alone* (New York: Random House, 2017), 54-55.
59 Brown, *Braving the Wilderness*, 55.

Pozdvihujem svoje oči k horám, odkiaľ prichádza moja pomoc [*ezer*]. Moja pomoc [*ezer*] je od Hospodina, ktorý učinil nebesia i zem. (Žalm 121, 1 – 2).

V Deuteronómiu sa slovo *ezer* trikrát používa ako vojenský termín – vojenská kavaléria, ktorá prichádza, bitka, ktorú nemožno vyhrať, kým sa neobjavia posily. Daniel označuje *ezer* ako pomoc, ktorá je potrebná na zvládnutie obdobia prenasledovania.

> Nepotrebujeme veľkú predstavivosť na to, aby sme videli, ako Boh stvoril podstatu našej ženskosti - aby kráčala po boku, pomáhala, bola posilnením.

Nepotrebujeme veľkú predstavivosť na to, aby sme videli, ako Boh stvoril podstatu našej ženskosti – aby kráčala po boku, pomáhala, bola posilnením. Boli ste stvorené pre spoločenstvo. Naša pomoc a prispôsobivosť nás utvrdzujú v tom, že sme stvorené na Boží obraz, na podobu nášho Stvoriteľa.

Otázky na zamyslenie

1) Ak je osamelosť pre ženy líderky často problémom číslo jeden, ako si postrehla osamelé líderstvo na svojej vlastnej ceste?
2) Aké črty osamelosti momentálne vidíš alebo si mala v minulosti?
   - Defenzívny postoj
   - Nedostatok empatie
   - Sebaobrana
   - Nedostatok spánku
3) Začni uvažovať o svojej komunite/sieti. Máš kruh blízkych priateľov? Máš väčšiu skupinu jednotlivcov, ktorým sa zodpovedáš a ktorí ti fandia?

KAPITOLA 13
PATRÍŠ DO VEĽKÉHO KMEŇA

To je moje prikázanie, aby ste sa milovali navzájom, ako som ja vás miloval.

—Ján 15, 11 – 12

Samotná myšlienka toho, kto sme a ako nás, ženy, Boh stvoril, spočíva v spoločenstve. Sme stvorené na život v kmeni. V 70. rokoch minulého storočia vznikol film s názvom *Kmene*, v ktorom sa tento pojem používal vo význame úzko prepojenej skupiny jednotlivcov, ktorých spája spoločná kultúra. Filmy a televízia pomohli propagovať používanie pojmu „kmeň" pomenúvajúceho skupinu ľudí, ktorí zdieľajú spoločnú kultúru, a pre niektorých ľudí sa stal náhradou pojmu „spoločenstvo".

Správny pomocník nekráča za alebo pred tebou, ale ide po tvojom boku.

V predchádzajúcej kapitole som rozvinula myšlienku, že sme *ezer-kenegdo*, čo znamená správny/vhodný pomocník. Správny pomocník nekráča za alebo pred tebou, ale ide po tvojom boku. Pamätám si na ten moment, keď som si uvedomila, že môj kmeň je oveľa väčší ako ja sama. Moji starí rodičia mali veľkú záhradu a každé leto, keď nastal čas zberu jahôd, čučoriedok, paradajok, zelenej fazuľky, hrášku, zemiakov, kukurice a tak ďalej, sme sa my (ženy) schádzali v babičkinej kuchyni a na verande, aby sme začali zavárať, mraziť, variť marmeládu, domáci kečup a iné dobroty, ktoré sa naučila ešte moja stará mama, keď vyrastala na farme.

Jediní súrodenci boli moja mama a jej sestra a stará mama mala len dve vnučky, mňa a moju sesternicu Beverly. Bola som najmladšie vnúča, takže sa ma vždy niekto snažil chrániť alebo ma chcel niečo naučiť. A tak nastal deň, keď som podľa svojej starej mamy bola pripravená „spracovať kukuricu".

Pri spracovaní bolo potrebné manipulovať s horúcimi kukuričnými klasmi, ktoré boli predvarené, a ostrými nožmi orezávať kukuricu z klasu. Konečne som sa prepracovala až k používaniu noža. Celý deň sa v kuchyni hovorilo o tom, ako s ním budem narábať a dávať pozor, aby som si neporezala prsty.

Teta Shirley, mama, stará mama a Bev ma celý deň pozorne sledovali. Opravovali ma, keď to bolo potrebné, a povzbudzovali ma, keď sa mi podarilo dať dokopy prvý tucet kukuričných klasov a uložiť ich do sáčkov na mrazenie. Síce sme si netľapli, ale milé stlačenie ramena od starej mamy a úsmev s prikývnutím od ostatných mi pomohli uvedomiť si, že rodina, ku ktorej patrím, je mojím kmeňom a povzbudzuje ma, aby som uspela.

Úryvok z Knihy Prísloví, 31. kapitoly sa často považuje za rozsiahly zoznam vecí, ktoré ženy nedokážu splniť, či už za jeden deň, týždeň alebo za celý rok. 31. kapitola Prísloví je akrostichickou básňou. Predmet tejto dvadsaťdvariadkovej básne, „žena šľachetného charakteru", má byť hmatateľným vyjadrením cnosti, múdrosti, ktorú táto kniha vyzdvihuje. V podstate nám ukazuje, ako vyzerá múdrosť v praxi.

V židovskej kultúre sa verše z Knihy Prísloví, z jej 31. kapitoly neučia naspamäť ženy, ale muži. Učia sa, aby spievali túto pieseň ako chválu ženám vo svojom živote – svojim manželkám, dcéram, sestrám, matkám a priateľkám. Zvyčajne sa spieva pri každom šabatovom jedle počas tohto sviatku. Je pozoruhodné, že jediné ponaučenie v básni je zamerané na mužské publikum, ktorému je báseň určená: „Chváľ ju za všetko, čo vykonali jej ruky."

Prvý verš básne Knihy Prísloví z 31. kapitoly „Kto nájde cnostnú ženu?" sa najlepšie prekladá ako „Kto nájde statočnú ženu?" Hebrejské slovo použité pre „cnostnú a statočnú ženu" je *eschet chayil*. Hebrejská fráza *eschet chayil* sa v židovskej kultúre používa na vzájomné povzbudzovanie s požehnaním pri oslave všetkého od kariérneho postupu, tehotenstva, prejavov milosrdenstva a spravodlivosti až po boj s rakovinou úprimným „Eschet chayil!" Nemyslite na to, čo robíte, ale ako to robíte a kým ste. Ak ste mama v domácnosti, buďte statočnou mamou v domácnosti. Ak ste zdravotnou sestrou, buďte statočnou zdravotnou sestrou. Hoc ste výkonnou riaditeľkou, pastorkou, baristkou v kaviarni Starbucks . . . Či už ste bohaté, chudobné, slobodné alebo vydaté, robte to statočne.

Toto je kľúčové: *Eschet chayil* – statočné ženy sa často povzbudzujú. V našej kultúre by sa to dalo prirovnať k výroku: „Do toho, dievča!" Problém však nastáva, keď ženy v líderstve nezavedú kultúru povzbudzovania.

> Kultúra „Do toho, dievča" sa musí niekde začať. Tak prečo nie tebou? Prečo nie mnou?

Každá z nás už zažila závisť, demotivujúce poznámky a staršie líderky, ktoré nám tvrdili: „Si mladá, ešte neprišiel tvoj čas." Kultúra „Do toho, dievča" sa musí niekde začať. Tak prečo nie *tebou*? Prečo nie *mnou*?

Funkčná rodina ti dá nôž a tvoj tucet kukuričných klasov, dáva na teba pozor a dohliadne, aby si uspela. Bola si stvorená na život v kmeni, pre spoločenstvo, a tvoj kmeň ti fandí.

Otázky na zamyslenie

1) Zapíš si, kedy si sa cítila povzbudená, a potom sa zamysli nad tým, kedy si nedostala pochvalu ani ohodnotenie so slovom „Výborne!"

2) Poďakuj Bohu za mužov, ktorí ťa označili za statočnú ženu. Nájdi si čas na štúdium 31. kapitoly z Knihy Prísloví a na eschet chayil, zamysli sa nad povzbudením.

KAPITOLA 14

TVOJ KMEŇ ŤA PREPÁJA S OSTATNÝMI KMEŇMI (KMENE IDÚ NAPRIEČ GENERÁCIAMI)

Pán prikázal hovoriť a veľký je zástup zvestovateliek víťazstva.
—Žalm 68, 12

Ako som už spomínala na začiatku knihy, pred niekoľkými rokmi som sa pred konferenciou zúčastnila na modlitebnom stretnutí. Po tom, ako rečníčka predniesla krátke zamyslenie, vyzvala prítomných, aby si každý našiel miesto, kde bude načúvať Bohu a modliť sa. Našla som si miesto v zadnej časti miestnosti a usadila som sa na zem s Bibliou, zápisníkom a perom.

V pozadí hrala tichá hudba a ja som zavrela oči, aby som sústredene vnímala. O niekoľko minút som vycítila, že mi Boh chce zjaviť niečo dôležité. Vzala som si Bibliu a zápisník, nalistovala som si knihu Žalmov a našla som verš, ktorý som predtým nevidela: „Pán prikázal hovoriť a veľký je zástup zvestovateliek víťazstva."

Ohromená som začala písať: *Boh sa pripravuje na to, že vzbudí mocnú armádu žien, ktoré sú plné Ducha.* Hoci odhalenie toho, čo mi Boh v ten deň ukázal, bolo významné, väčšie zistenie prišlo neskôr, keď som ďalej skúmala Žalm 68, 12 (ROH): Pán dal Slovo a tých, ktoré zvestovali radostné veci, veľký zástup. Význam výrazu „Slovo" v 12. verši je ten istý, ktorý sa objavuje v Žalme 19, 4: „Ich posolstvo znie po celej zemi a ich oznamy doletia až po končiny sveta." Význam výrazov „Slovo a posolstvo" v každom verši znamená „Boží hlas" – „Pán ohlasuje *Božie výroky* a ženy, ktoré ich ohlasujú, sú mocným zástupom" (zvýr.: autorka). Inými slovami, ženy ohlasujú to, čo počuli od Boha. Pánov hlas sa šíri až ku končinám zeme prostredníctvom žien, ktoré ho zvestujú.

Pánov hlas zaznieva až ku končinám zeme, kde ho ohlasujú ženy.

V Starom zákone mali počas vyhlasovania víťazstva ženy na zodpovednosti viesť oslavu víťazstva. Ženy toto ohlasovanie vyjadrovali piesňami a tancom. Príklad sa objavuje v 2. Moj. 15, 19 – 21, keď Miriam začne spievať:

Keď totiž faraónove kone s bojovými vozmi a jazdcami vošli do mora, Hospodin ich zaplavil vodou; Izraeliti však prešli po suchu stredom mora. Prorokyňa Miriam, Áronova sestra, vzala do ruky tamburínu a nasledovali ju všetky ženy, tancovali a hrali na tamburíny. Miriam im predspevovala: „Spievajte Hospodinovi, lebo sa veľmi preslávil! Koňa i jeho jazdca zmietol do mora."

V 5. kapitole Knihy Sudcov sa opäť nachádza Deborina Pieseň. Debora spieva v 7. verši: „Dedinčania v Izraeli nechceli bojovať, zdráhali sa, kým som ja, Debora, nepovstala, kým som nepovstala, ja matka Izraela." Obidva úryvky ilustrujú učenie o nasledujúcich generáciách.

Miriam začala spievať a ženy a ich dcéry ju nasledovali. Ako lídri sa postavili na čelo svojej spoločnosti a vyučovali aj ďalšie generácie. Navyše Deborina poslušnosť jej dala titul matka Izraela. Matka je generačný pojem. Možno to bude znieť trochu „hlúpo", ale matka má svoju matku a tá má dieťa. Generácie pokračujú práve vďaka materstvu, a tak sa kmene rozrastajú. Pre kmene je príznačné prepojenie generácií. Debora sa správala ako matka Izraela. Keď bola vymenovaná za sudkyňu Izraela, dovolila, aby jej ženskosť zažiarila prostredníctvom jej líderstva. Keď zvíťazili v bitke, zložila pieseň s vyhlásením víťazstva. Vystupovala ako ezer, bojovníčka, stala sa tou pomocou, ktorú Izrael potreboval. Kmene vypovedajú o odovzdávaní tradícií z generácie na generáciu.

Príklad žien oslavujúcich víťazstvo neznamenal len jednorazové víťazstvo, ale opakované víťazstvá. Takéto vyhlásenia nevychádzali z jedného veľkého celku žien oslavujúcich jedno konkrétne víťazstvo, ale od viacerých žien, a to v priebehu mnohých generácií. Oslavovali každé ďalšie víťazstvo, postupne, jedno po druhom a potom ďalšie a ďalšie.

Vytvorením komunity, kmeňa, postupnej viacgeneračnej spoločnosti rozvíjate pocit, že patríte do niečoho väčšieho, ako ste vy sami, pričom starší učia mladších a mladší učia starších. Takáto spolupráca je typická pre ženy: „Neznášam stereotypy, ale pozorovala som ženy líderky a mužov lídrov a zdá sa, že ženy inštinktívne uprednostňujú privádzanie všetkých k sebe navzájom."[60]

Prečo nevyužiť inštinktívnu tendenciu privádzať všetkých k sebe navzájom ako výhodu, a tak prijať rastúci kmeň jedinečných, úžasom naplnených silných žien, ktoré sa spájajú, držia sa za ruky a kráčajú bok po boku, aby naplnili vo svojich životoch Božie zámery? Pripomínam vám africké príslovie: „Ak chceš ísť rýchlo, choď sám; ak chceš dôjsť ďaleko, choď s niekým,"

---

60 Joanna Barsh and Susie Cranston, *How Remarkable Women Lead*, 182.

Prečo nevyužiť inštinktívnu tendenciu privádzať všetkých k sebe navzájom ako výhodu, a tak prijať rastúci kmeň jedinečných, úžasom naplnených silných žien, ktoré sa spájajú, držia sa za ruky a kráčajú bok po boku, aby naplnili vo svojich životoch Božie zámery?

Otázky na zamyslenie

1) Nájdi si čas na to, aby si išla do ústrania a dokončila stránku „Moja sieť kontaktov".

2) Pozri sa na prázdne miesta a modli sa, aby ti ich Boh pomohol zaplniť.

KAPITOLA 15
POHĽAD Z NEBA A POHĽAD ZO ZEME

Veď moje jarmo je príjemné a bremeno ľahké.
—Matúš 11, 30

Úžasné, už si takmer v závere *Spoločnej cesty*. Kým si na tej ceste postupovala od vnútorných základových pilierov k tým vonkajším, ako sú vnútorné ja, Pánova večera, povolanie a spoločenstvo, uvedomila si si a pochopila veľa toho, čo sa týka tvojho života a líderstva. Ženy silnejú, keď trávia čas spolu, to platí obzvlášť u žien, ktoré majú medzigeneračné prepojenia a učia sa navzájom jedna od druhej. Prekonávanie rozdielov medzi generáciami v líderstve závisí od úspešného podávania štafety. Avšak keď ten štafetový kolík spadne, vzniknú trhliny a ženy trpia nedostatočným rozvojom líderstva.

Rozpoznanie a výchova žien v oblasti líderstva – takých, ktoré sú sebavedomé vo svojom povolaní, patria do zmysluplnej komunity, delia sa navzájom o svoje príbehy, aby priniesli zmenu, hľadajú spôsoby rozvoja líderských schopností – posilní líniu silnými schopnými ženami s líderskými vlohami.

V závere *Spoločnej cesty* sa nachádzajú tri úseky, ktorými potrebujeme prejsť, aby sme porozumeli práci, ktorú koná Svätý Duch v našich životoch až do tohto času – cesta, na ktorej odložíme perfekcionizmus, odovzdáme naše sny a zaujmeme miesto pri stole. Všetko to je kľúčové pre dokončenie cesty prepojenia generácií v celistvosti života a v líderstve. Všetko vychádza zo súladu vnútorného a vonkajšieho sveta lídra.

Perfekcionizmus je neúprosný a vyčerpávajúci.

Takmer každý zápasí s perfekcionizmom. Možno moja potreba veriť, že s ním bojuje každý, ma upokojuje v mojom každodennom zápase, keď sa chcem dostať z kolotoča perfekcionizmu. Je neúprosný a vyčerpávajúci. Izoluje nás, zvýrazňuje pocit menejcennosti, prináša pocit hanby a vytvára falošnú identitu.

Aj keď je ťažké jednoznačne definovať dokonalosť, vysvetliť, čo dokonalosť *nie je*, je trochu jednoduchšie. A teda: perfekcionizmus nie je to isté ako snaha byť najlepším. Perfekcionizmus nie je ani sebazdokonaľovanie.[61]

Je dôležité pracovať na tom, aby sme smerovali k zdravému dosahovaniu cieľov a rastu. Perfekcionizmus vytvára falošnú identitu a núti nás uveriť tomu, že tá nám zaistí všetko to, po čom tak veľmi túžime. Vo svojej podstate sa perfekcionizmus pokúša zaslúžiť si prijatie a uznanie.

> V snahe o dokonalosť sa uspokojíme s „prajem si" namiesto „som vďačná", keď prehodnocujeme samých seba.

---

61 Brené Brown, *The Gifts of Imperfection: Let Go of Who You Think You're Supposed to Be and Embrace Who You Are* (Center City, MN: Hazelden Publishing, 2010), 56.

Dokonalosť a honba za ňou ničia naše životy a znemožňujú nám vidieť sa z nebeskej perspektívy, najmä v kultúre, v ktorej dosiahnuté ciele a bohatstvo hovoria o úspechu. Žitie v každodennom tieni dokonalosti spôsobuje, že záver dňa, ukončenie projektu alebo koniec cesty sa zdajú byť nesplnené a polovičaté. V snahe o dokonalosť sa pri hodnotení seba samých uspokojujeme skôr s „prajem si" a nie s „som vďačná".

Uvedomila som si, že najväčšou pascou v našom živote nie je úspech, popularita alebo moc, ale sebaodmietanie. Úspech, popularita a moc môžu skutočne predstavovať veľké pokušenie, ale ich vábivá sila často pramení z toho, že sú súčasťou oveľa väčšieho pokušenia, ktorým je sebaodmietanie. Keď uveríme hlasom, ktoré nás nazývajú bezcennými a nemilovanými, potom úspech, popularitu a moc ľahko vnímame ako príťažlivé riešenia. Skutočnou pascou je však sebaodmietanie. . . . Sebaodmietanie je najväčším nepriateľom duchovného života, pretože je v rozpore s duchovnou pravdou, ktorá pre nás platí, keď nás Boh volá „Milovaná". Byť Milovanou predstavuje základnú pravdu, od ktorej sa odvíja naša existencia.[62]

Žiť s perspektívou neba znamená žiť s vedomím, že na konci všetkého zostávame Bohom milované, a nesplnené ciele alebo výsledky na tejto pravde nič nezmenia. Posudzovanie úspechov z pohľadu z neba vždy zahŕňa dosiahnuté úspechy vo svetle toho, komu patríme:

Kedysi som sa cítila bezpečne len vtedy, keď som podávala bezchybné výkony. Moja túžba byť dokonalou bola väčšia ako moja túžba po Bohu. Šikanovaná štandardom „všetko alebo nič", ktorý som si sama vytvorila, som si slabosť vysvetľovala ako priemernosť a nedôslednosť som vnímala ako stratu pevných nervov. Myslela som si, že súcit a sebaprijatie sú sebecké. Nakoniec som sa jednoducho vyčerpala. Môj pocit osobného zlyhania a nedostatočnosti ma

---

62 Henri J. M. Nouwen, *Life of the Beloved* (New York: Crossroad, 1992), 21.

pripravil o sebahodnotu a vyvolal stavy miernej depresie a prudkej úzkosti. Túžba byť dokonalá bola väčšia ako moja túžba po Bohu.[63]

Dobré plnenie úloh, snaha o čo najlepší výkon, sebazdokonaľovanie a dobre prežitý život nie sú problémom. Boh od nás očakáva, že prinesieme to najlepšie, čo vieme. Keď však naše najlepšie úsilie nie je stále dosť dobré a bremeno dokonalosti vytvorí falošnú identitu, potom sme vymenili svoje postavenie Bohom milovaných za pozemskú odmenu, ktorá znehodnocuje nebeskú perspektívu. Povedať nie dokonalosti znamená povedať áno prítomnosti. Pohľad z neba sa vyznačuje črtou otvorenosti srdca, nie je charakterizovaný ťažkým srdcom.

Pasca nezdravého života zameraného na dokonalosť zostáva v živote lídra silným pokušením. Scazzero hovorí o troch takýchto pokušeniach, ktoré napomáhajú tvorbe falošnej identity: som to, čo robím (výkon); som to, čo mám (vlastníctvo); a som to, čo si o mne myslia iní (popularita).[64] Namiesto toho, aby sme sa držali týchto lží, sme pozvaní pohybovať sa v Ježišovej blízkosti a „riskovať" to, že Božie zámery pre nás sú dobré: „veď moje jarmo je príjemné a bremeno ľahké" (Mt 11,30).

Otázky na zamyslenie

1) Ako zabrániť tomu, aby dokonalosť narušila naše úsilie?
2) Ako by si sa pozrela na posledných šesť mesiacov mentoringu z perfekcionistického pohľadu?
3) Ako by si sa pozrela na posledných šesť mesiacov mentoringu z pohľadu z neba? Ako Milovaná?
4) Ako vyzerá tvoja „súčasnosť" z pohľadu budúcnosti?

---

63 Brennan Manning and Jim Hancock, Posers, Fakers, & *Wannabes: Unmasking the Real You* (Colorado Springs, CO: NavPress, 2003), 30-31.
64 Peter Scazzero, *Emotionally Healthy Spirituality*, 75-77.

KAPITOLA 16
ODOVZDAŤ SEN ĎALEJ

Nech ťa Hospodin požehná a nech ťa ochráni! Nech Hospodin rozjasní nad tebou svoju tvár a nech ti je milostivý! Nech Hospodin obráti svoju tvár k tebe a nech ti udelí pokoj!
—4. Moj. 6, 24 – 26

Harvard School of Business definuje cestu líderstva jedným tvrdením: „Základ líderstva je v tom, aby sa ostatní vďaka vašej prítomnosti stali lepšími a aby tento vplyv pretrvával aj počas vašej neprítomnosti." Inými slovami, líderstvo je budovanie mostov. Zodpovednosť za ďalšiu generáciu sa nekončí.

Líderstvo je recipročný proces, ktorý buduje most medzi generáciou, ktorá tu bola pred ňou, a generáciami, ktoré prídu po nej. Byť prítomný a meniť veci k lepšiemu tým, že niekde budete prítomný a zanecháte hmatateľné dôkazy o tom, že ste tam boli ešte dlho po tom, ako odídete, je hmatateľným aspektom dobrého líderstva.

Vzala som si za manžela muža, ktorý vie snívať a ktorý naučil snívať aj mňa. Prvé roky manželstva som sa snívania obávala. Cítila som sa bezpečnejšie, keď som svoj život nechala schovaný v úhľadnej škatuľke. Viac ako tridsaťpäť rokov neskôr považujem dni snívania s Frankom za svoje najlepšie dni. Naučil ma, ako mám snívať.

Dni, keď snívame, by sa asi niektorým ľuďom zdali smiešne – keby počúvali naše rozhovory počas snívania s otvorenými očami. Iní by možno povedali: „Počúvajte ich. To sa nikdy nestane," alebo „Koľko času strácajú hlúpymi snami, keď by sa radšej mali sústrediť na prácu". Súhlasím s tým, že musíme vyvážiť úlohy a sny. Veľa snov a žiadne úsilie, to, samozrejme, nepomôže sen naplniť. A naopak iba práca a žiaden čas vyhradený na snívanie, to je nudný a jednotvárny život.

Nedávno som pri každodennom čítaní Biblie narazila na úryvok o snoch v 1. Knihe Kráľov 8, 17 – 19, keď Dávidov syn Šalamún dokončil stavbu chrámu v Jeruzaleme:

Už môj otec Dávid zamýšľal postaviť dom na počesť mena Hospodina, Boha Izraela. Hospodin však môjmu otcovi Dávidovi povedal: ,Správne si postupoval, keď si mal na mysli stavbu domu na počesť môjho mena. Ten dom však nepostavíš ty, ale tvoj syn, ktorého splodíš. On postaví dom na počesť môjho mena." Tento príbeh poukazuje na to, že Dávid dostal od Boha hodnotenie slovom „Výborne!" len preto, že mal v srdci myšlienku postaviť chrám. Dávidovi sa dostalo uznania za to, že sa mu darilo, keď sníval. *Odovzdanie jeho snov generácii, ktorá prišla po ňom, uvoľnilo prísľub, že sa jeho sny naplnia.*

Inými slovami, máme povolenie snívať, priatelia! Pán pochválil Dávida za to, že mal v srdci sen, a táto pochvala ukazuje, akú dôležitosť Boh pripisuje snom. Rozpoznávanie a napĺňanie našich snov má pre lídrov a aj pre ďalších lídrov, ktorých vychovávajú, stále veľký význam. Zodpovednosť má aj ten, kto sníva, aj ten, kto sen prijíma. Vlastniť sen môže byť zradné. Chcem byť hrdinom alebo trénerom hrdinov?

> Zodpovednosť má aj ten, kto sníva, aj ten, kto sen prijíma. Vlastniť sen môže byť zradné. Chcem byť hrdinom alebo trénerom hrdinov?

Keď sa snažíme odovzdávať niečo hodnotné, vždy sa do hry dostávajú záležitosti srdca. Naše sny, ktoré nám dal Boh, sú hodnotné. Môžeme sa len zamýšľať nad tým, či si ich príjemca bude vážiť a či bude vidieť ich dôležitosť tak, ako sme ju videli my.

Tí, ktorí odovzdávajú svoje sny, by si mali precvičiť niekoľko prístupov:

- Majte otvorené dlane, nie zovreté päste. Splnenie sna musí byť pre vás dôležitejšie ako sen samotný. Vaša odmena spočívala v udržaní sna, zatiaľ čo niekto iný je odmenený za jeho spravovanie a naplnenie.
- Praktizujte zraniteľnosť a transparentnosť. Otvorené srdce umožňuje odovzdávanie snov ďalším generáciám.
- Odovzdajte sen.

Odovzdávanie snov sa má očakávať, ako sa očakáva generačné požehnanie. V srdci rodičovstva a líderstva je odmena alebo požehnanie: „Nech ťa Hospodin požehná a nech ťa ochráni! Nech Hospodin rozjasní nad tebou svoju tvár a nech ti je milostivý! Nech Hospodin obráti svoju tvár k tebe a nech ti udelí pokoj!" (4. Moj. 6, 24 – 26).

> Odovzdávanie snov sa má očakávať, ako sa očakáva generačné požehnanie.

Naopak, ak staršia generácia bude svoje sny držať v zovretej pästi, mladšia generácia sa nakoniec otočí a pohne ďalej. Ale pomyslite na základy, ktoré pre nich mohli byť položené požehnaným odovzdaním snov! Duchovné rodičovstvo odovzdáva dedičstvo v podobe snov a deti by mali očakávať, že im raz budú rodičovské sny odovzdané. Váš kmeň je väčší ako vy. Váš kmeň tvorí generácia, za ňou ďalšia generácia a za ňou znovu ďalšia generácia. Každá generácia musí existovať očakávajúc, že dostane plnú priehršť snov.

Otázky na zamyslenie

1) Zaznamenaj si, ako vytváraš mosty s predchádzajúcou generáciou a s generáciou, ktorá príde po tebe?

2) Čo je na týchto vzťahoch významné? Získavaš z nich múdrosť a pochopenie? Dokážeš s nimi snívať?

3) Ak snívanie nie je súčasťou tvojho každodenného života a líderskej cesty, začni si tento týždeň písať denník snov a začni si svoje sny zapisovať. Pri zapisovaní snov si pripomeň, ako dostal Dávid „dobré" hodnotenie toho, že jednoducho vo svojom srdci sníval sny.

KAPITOLA 17
POZVANIE K STOLU

*Keď robíš hostinu, pozvi chudobných, mrzákov, chromých
a slepých! A budeš blahoslavený, lebo oni sa ti nemajú čím odplatiť,
a tak dostaneš odplatu pri vzkriesení spravodlivých.*

—Luk 14, 13 – 14

Pri našich stoloch zvyčajne sedia ľudia, ktorých máme najradšej. Spoločne jeme, rozprávame si príbehy, vyznávame hriechy, smejeme sa a plačeme. Pri našom rodinnom stole sedíme ako tí, ktorí snívajú – premýšľame o tom, kde sme už boli a kam by sme raz mohli ísť. Pri stole sa modlíme a pri stole zažívame Božiu dobrotu, milosť a milosrdenstvo.

Spoločné stolovanie je jednou z našich najľudskejších čŕt. Zamyslite sa nad tým. Žiadny iný tvor nekonzumuje jedlo pri stole (hoci môj zlatý retríver Brady by bol rád, keby sme ho k nášmu stolu pozvali).

V uponáhľanej a hektickej dobe mám skôr tendenciu položiť jedlo na kuchynskú linku a nechať každého nabrať si z hrnca alebo misky. Moja mama nie; tá prestrie na stôl obrus a pridá taniere, obrúsky a príbor. Potom naaranžuje pripravené jedlo do krásnych misiek a rozmiestni ich po celom stole. Keď si sadáme k stolu, vždy ma zaplaví pocit pokoja a cítim sa požehnaná, že som súčasťou jej rodiny. Je to ozajstné požehnanie, že si nájde čas a pripraví pre mňa chutné jedlo. Som presvedčená o tom, že jedno z maminých chutných jedál by prinieslo svetový mier – najmä ak by pripravila citrónový koláč.

> Nemalo by nás prekvapiť, že sám Boh sa v Biblii objavuje pri stoloch.

Často sme najviac plní života, keď sa delíme o jedlo pri stole. Nemalo by nás teda prekvapiť, že sám Boh sa v Biblii objavuje pri stoloch. V centre nášho duchovného života v Starom a Novom zákone nájdeme stôl Paschy a stôl s Pánovou večerou.

N. T. Wright poukazuje na významnú skutočnosť: „Keď chcel sám Ježiš vysvetliť svojim učeníkom, v čom spočíva jeho blížiaca sa smrť, nepredložil im teóriu, ale jedlo."[65] Táto myšlienka sa mi páči. Pripomína mi, že možno budeme musieť znovu objaviť umenie pohostinnosti, aby sme sa pri našich stoloch s jedlom podelili o ťažké bremená aj radosti našich životov.

Na našom prvom záverečnom stretnutí Spoločnej cesty som pre našu skupinu pripravila krásne prestretý stôl, pri ktorom sme mohli sedieť a spoločne sa najesť. Vybrala som pekný obrus, strieborné podnosy, taniere, ľanové obrúsky so zlatými držiakmi, kvety som položila do stredu stola; dala som tam aj osobitne zabalené darčeky a na poslednú chvíľu som na každé miesto pridala kartičku s menom.

Netušila som, aký emocionálny a duchovný význam má takto nádherne pripravený stôl. Pri stole sedelo toľko krásnych Božích žien. Každá z nich mala miesto so svojím menom. Každá z nich tam patrila. Nasledujúci deň počas

---

65 N. T. Wright, "Saving the World, Revealing the Glory: Atonement Then and Now," *ABC Religion and Ethics*, accessed September 20, 2021, https://www.abc.net.au/religion/saving-the-world-revealing-the-glory-atonement-then-and-now/10095866.

modlitebného duchovného cvičenia napísala Stacy o stole, ktorý som pre nich pripravila.

Miesto pri stole (Stacy Eubanks)

Bol štvrtok popoludní a ja som dorazila do domu, kde sa konalo duchovné cvičenie; predtým som sa ponáhľala, aby som ako zaneprázdnená mama v službe všetko stihla, kým odídem z mesta. Moja dospievajúca dcéra si prechádzala búrlivým obdobím a ja som sa cítila, akoby som z mnohých dôvodov zlyhala, ale zaviazala som sa, že prídem, a vedela som, že tam musím byť.

Keď som vošla do miestnosti, pohľad mi padol na dlhý stôl prestretý na večeru. Stôl premyslene a nádherne ozdobený striebornými podnosmi, peknými taniermi, lesklým príborom, trblietavými pohármi, veselými žltými sirôtkami starostlivo umiestnenými v strede stola a s elegantne zabaleným darčekom umiestneným pri každom z miest.

Keď som tam prišla, mala som so sebou toľko ťarchy, že jediné, na čo som si pomyslela, bolo: *Ach jaj, nie som oblečená na večeru pri takomto stole a zbalila som sa tak rýchlo, že si ani nemám čo pekné obliecť. Ale som si istá, že sa tam aj tak všetci nezmestia, takže keď nastane vhodná chvíľa, sadnem si k neďalekému pultu.*

A potom som ich zbadala. Na každom mieste boli menovky. Nikdy som nemala miesto pri stole so svojím menom. Ale tam to bolo, miesto už rezervované len pre mňa. Necítila som sa hodná, ale bola som tam, zaujala som miesto pri stole, ktoré bolo pripravené pre mňa. To ma prinútilo zamyslieť sa nad iným stolom spred viac ako dvetisíc rokov, snáď nad tým najvýznamnejším stolom v celých dejinách.

Tí, čo pochybovali, čo zapreli, ba dokonca aj zradcovia, tých všetkých Ježiš posadil k veľkonočnému stolu.

Kto dostal miesto pri tomto stole? Tí, čo pochybovali, čo zapreli, ba dokonca aj zradcovia, tých všetkých Ježiš posadil k veľkonočnému stolu. Prijal ich napriek tomu, čo urobili, a napriek tomu, že vedel, čo spravia. Tomáš o ňom neskôr pochyboval. Peter sa vysmieval Ježišovej predpovedi, že ho zaprie, a zaprel Ježiša len pár hodín po tejto poslednej večeri.

Keď sa Petrove oči stretli s Ježišovými, bol zničený vlastným zlyhaním. Ako mohol byť hoden chleba, ktorý mu Ježiš ponúkol, ale napriek tomu ho dostal. A Judáš? Vážne? Čím si zaslúžil miesto pri stole? Samozrejme, že si ho nezaslúžil, ale aj tak ho mal.

Ježiš podal chlieb svojho tela a kalich svojej krvi zradcovi so srdcom plným temnoty. Napriek tomu ponúkal lásku a odpustenie až do poslednej sekundy.

A čo ja? Som tá, ktorá pochybuje, zapiera a dokáže zradiť. Ako je teda možné, že mám prístup k stolu? Nemôžem si za svoju spravodlivosť kúpiť miesto. Okrem tej od Krista ani žiadnu inú nemám.

Pri stole môžem byť len z jediného dôvodu: Ježiš mi to miesto kúpil. Zaplatil zaň svojou krvou a tak mi rezervoval miesto. Rezervoval miesto aj pre teba. Čaká na teba kartička s tvojím menom aj darček. Prídeš?

Je to stôl, pri ktorom sa zo žobrákov stávajú kniežatá, z nešťastníkov sa stávajú lídri, zlyhania sa odpúšťajú a úbohí sú vykúpení. Preto si nerobte starosti s tým, čo si obliecť alebo čo si priniesť; urobte všetko, čo je potrebné, aby ste sa dostali k stolu. A príďte hladní! Nič nedokáže uspokojiť tak ako stôl, ktorý pre vás pripravil Boh.[66]

---

[66] Stacy Eubanks, "A Seat at the Table," *Women Who Lead Blog*, https://www.pmnwomenwholead.com/blog/aseatatthetable.

Zhromaždili sme sa požehnané, zlomené, tie, ktorým bolo odpustené, aj tie, ktorým ešte odpustené nebolo.

Na začiatku *Spoločnej cesty* som predstavila duchovnú disciplínu modlitebného ústrania. Na záver tejto cesty vás chcem oboznámiť s umením stolovania – stretnutia pre požehnané, zlomené, tie, ktorým bolo odpustené, aj tie, ktorým ešte odpustené nebolo.

Keď písala Stacy o svojich skúsenostiach pri stole, spomínala pocit, že k nemu nepatrí a že si nepriniesla ani správne oblečenie, aby mohla pri stole sedieť – každú výhovorku, ktorá sa jej naskytla, pretože tam nepatrila. Keď však zaujala svoje miesto – miesto s jej menovkou – zanechala hanbu a neistotu a prijala požehnanie toho, že bola pozvaná k stolu.

Pri stole sa objavuje naša zlomenosť. Ježiš urobil zo studne v Samárii stôl, keď hovoril so ženou o jej zničenom živote a dal jej odpoveď na jej najvnútornejšiu hanbu. „Poďte sa pozrieť na človeka, ktorý mi povedal všetko, čo som urobila! Nebude to Mesiáš?" (Jn 4, 29). Toto vyhlásenie mohlo vyjsť len zo srdca skutočne slobodného človeka. Keď žena išla po vodu, stretla Živú vodu a napila sa zo studne, v ktorej voda nikdy nevyschne.

Prestierame stôl pre tých, ktorým bolo odpustené, a pre tých, ktorým ešte odpustené nebolo. Milujem obraz obnovy, ktorý ilustruje apoštol Ján v 21. kapitole. Z obrazu Ježiša, Božieho Syna, ktorý pripravuje raňajky pre svojich učeníkov, mi naskakuje husia koža.

> Prestierame stôl pre tie, ktorým bolo odpustené, a pre tie, ktorým ešte odpustené nebolo.

Tento stôl prestretý pri Galilejskom jazere nie je len poskytnutím jedla pre žalúdok, ale je to jedlo, pri ktorom sa obnovuje vzťah medzi Petrom a Ježišom. Je to miesto, kde jedlo predstavuje cestu k odpusteniu.

V tomto úryvku sa používa rovnaké slovo pre *oheň* ako v Evanjeliu podľa Jána 18, 18, kde sa Peter a ostatní zohrievali v tú noc, keď bol zatknutý a súdený Ježiš. Bolo to miesto Petrovej hanby. Som si istá, že keď Peter opustil loď a premočený sa dostal na breh k ohňu, ktorý mu Ježiš pripravil, Peter spoznal vôňu svojej hanby – horiaceho dreva.

Keď Peter stál pri ohni a spomínal si, ako v ten večer, keď ho Ježiš najviac potreboval, nestál za ním, vidíme Ježiša, ako pripravil Petrovi a ostatným učeníkom raňajky. Je to jednoduché – ryba a chlieb. Nebolo to nič, čo by si vopred pripravil alebo do prípravy čoho by investoval veľa času; bolo to len to, čo mal – nič viac a nič menej.

V jednoduchosti ich stola na brehu sa začal Ježiš rozprávať so Šimonom Petrom o láske. Ježišovu odpoveď na obnovenie Petrovho správneho vzťahu vidíme v opätovaní. Totiž, Ježiš vedel, že ho Peter miluje. *Odpoveď* na otázku ohľadom „lásky" nebola taká, akú Ježiš hľadal. Namiesto toho chcel, aby Peter pochopil posolstvo o opätovaní lásky.

Inými slovami, ak niekto investoval do vás a váš život sa zmenil, potom ste povolaní investovať do života iného. Ježiš teda nabáda Petra, aby pásol a sýtil ovce, aby bol ich pastierom. Je to vzájomný vzťah, cyklus, ktorý sa neustále uzatvára.

Keďže končíme *Spoločnú cestu*, dovoľ mi položiť ti otázku: Budeš kŕmiť a pásť ovce? Ak je tvojou odpoveďou *áno*, potom patríš do kmeňa silných žien už teraz, ale tvoj kmeň bude rásť, tak sa priprav.

Moja drahá, pokračuj v snívaní, ale čo je ešte dôležitejšie, odovzdávaj svoje sny ďalšej generácii. Maj svoje dlane otvorené, trénuj sa v zraniteľnosti a transparentnosti, odovzdávaj svoje sny. Dovoľ mi uistiť ťa, že tvoje sny sú s prichádzajúcimi generáciami v bezpečí, keďže si do nich „vlievala" svoj život.

Odozvou kmeňa je chrániť svätosť vašich vzťahov a snov. Pretože máte vzťahy, očakávajte pri odovzdávaní snov generačné požehnanie.

Napokon, pokračuj v príprave stolovania, malých, veľkých, stredných stolov, stolov na pobreží a pri tichých vodách. Pokračuj v príprave stolovania plného požehnania, ale aj zlomenosti a odpustenia.

Či už si schúlená v kresle a zabalená do hebkej deky, vyhrievaš sa na pláži alebo sedíš vonku na terase s obľúbeným nápojom, zamyslíš sa spolu so mnou ešte naposledy? Môžeš v modlitbe položiť Bohu a sebe samej nasledujúce otázky a čakať, že začuješ jemný Boží hlas, ktorý k tebe hovorí?

Otázky na zamyslenie

1) Aký je tvoj plán rastu?
2) Ako pridávaš ľudí k stolu?
3) Koho so sebou vezmeš?

PRÍLOHA A: VYHODNOTENIE TOHO, ČO JE ŽIVOTODARNÉ

Najlepší život žijeme, keď život dávame

Akým spôsobom ťa Boh vie obživiť?

Zaškrtni všetky odpovede, ktoré sa na teba vzťahujú.

❏ Príroda
❏ Cvičenie
❏ Dlhé prechádzky
❏ Turistika
❏ Uctievanie
❏ Duchovné priateľstvá
❏ Nakupovanie
❏ Starostlivosť o seba (manikúra/pedikúra, masáž atď.)
❏ Samota
❏ Štúdium
❏ Písmo
❏ Vedenie
❏ Umenie
❏ Odpočinok
❏ Oslavy
❏ Iné:

❏ Dovolenka
❏ Rodina
❏ Dlhé rozhovory
❏ Smiech
❏ Hľadanie príčin/spravodlivosť
❏ Dobrovoľníctvo
❏ Ústranie
❏ Aktivity v malých skupinách

❏ Spoločenské hry
❏ Zorganizovanie večierka
❏ Varenie/pečenie
❏ Práca v záhrade
❏ Výzdoba
❏ Organizovanie
❏ Čítanie

Aplikácia do bežného života – Ako môžeš tieto životodarné veci začleniť do svojho života?

PRÍLOHA B: PRACOVNÝ LIST K SEBADISCIPLÍNE A STAROSTLIVOSTI O SEBA

The Collective journey

Duchovná disciplína starostlivosti o seba

Adele Ahlberg Calhoun, *Spiritual Disciplines Handbook: Practices That Transform Us*

Otázky na zamyslenie

1) Boh ťa stvoril ako „veľmi dobrú". Poďakuj Bohu za to, že ťa stvoril.
   a. Ak máš problém poďakovať Bohu za seba samu, prezrádza to niečo o tom, ako si ceníš to, že si stvorená na Jeho obraz?
2) Rozprávaj sa s Bohom o tom, aké to je prijímať samu seba tak, ako ťa prijíma On.
3) Ako si zanedbávala starostlivosť o svoje zdravie, o svoje telo, o svoje vzťahy?
4) Ako ťa Ježiš možno pozýva hlbšie do niektorej z oblastí starostlivosti o seba?
5) Ako by to vyzeralo, ak by si prežívala syndróm vyhorenia? Čo by pomohlo tvojmu zotaveniu?
6) Ako by to zmenilo tvoj spôsob života?
7) Ako môže to, že prijmeš samu seba ako dar od Boha, ovplyvniť tvoj život?
8) Ako to vyzerá, keď sa brániš prijatiu lásky od Boha a od druhých?

Duchovné cvičenia

1) Vytvor si zoznam vecí, ktoré sa ti na sebe samej páčia.
2) Postav sa pred zrkadlo a dobre sa pozri na svoje telo.
   a. Čo ti hovorí tvoje telo o tom, odkiaľ pochádzaš?
   b. Čo si v živote dosiahla? Aké boli tvoje rozhodnutia?
   c. Povedz Bohu, ako reaguješ na to, čo vidíš. Ktoré miesta z tvojej minulosti ešte potrebuješ prijať a začleniť do toho, kým si?
3) Staraj sa o seba tým, že si naplánuješ deň, ktorý si vychutnáš. Vyber si, kde a s kým chceš byť. Oslavuj dar tohto dňa a seba samej.
4) V ktorej oblasti telesného života potrebuješ nový začiatok?
   a. Aké návyky a vzorce správania, ktoré sa týkajú jedla, sexu, odpočinku, práce alebo vzťahov, by si rada zmenila?
   b. Ako môžeš s Bohom spolupracovať na tom, aby si si vážila svoje telo ako chrám?
   c. Kto ti v tom môže pomôcť?
5) Pokojne sa posaď do pohodlnej polohy. Dýchaj pomaly a všímaj si v tele každé napätie. Čo ti tvoje telo práve teraz hovorí?
   a. Ako by chcel Ježiš, aby si sa o seba práve teraz starala?
6) Zaznamenávaj si, koľko hodín v noci spíš.
   a. Rešpektuješ svoju Bohom danú potrebu oddychu a zotavenia?
   b. Skús na týždeň upraviť svoj spánkový režim alebo spôsob oddychu. Ako je to u teba?
7) Rozvíjaj rôzne formy ošetrovania a starostlivosti o svoje telo: perličkové kúpele, masáže, cvičenie, mäkké obliečky alebo vankúše, nákup kvetov alebo čítanie knihy. Stráv čas svojimi záľubami a s ľuďmi, ktorí ti prinášajú život. Pokračuj v záľube, ktorú si kedysi zanechala.

PRÍLOHA C: VERŠE NA TÉMU „KTO SOM"

Som Božie majstrovské dielo. (Ef 2 :10)
Veď sme jeho dielo, stvorení v Kristovi Ježišovi na to, aby sme konali dobré skutky, ktoré nám Boh už vopred pripravil.

Je mi odpustené. (Ef 1:7 – 8)
V ňom máme skrze jeho krv vykúpenie a odpustenie priestupkov podľa bohatstva jeho milosti, ktorou nás zahrnul vo všetkej múdrosti a rozumnosti.

Som novým stvorením. (2 Kor 5:17)
Preto ak je niekto v Kristovi, je novým stvorením. Staré veci pominuli, nastali nové.

V Bohu je moja sila. (Ef 6:10)
Napokon posilňujte sa v Pánovi a v sile jeho moci.

Som Bohom prijatá. (Ef 1:6)
Na chválu a slávu jeho milosti, ktorou nás obdaroval vo svojom milovanom Synovi.

Som milovaná nekonečnou láskou. (Jer 31:3)
Zďaleka sa mi zjavil Hospodin: „Miloval som ťa večnou láskou, preto som ti zachoval priazeň."

Som v úžase nad Božím požehnaním. (Deut 28:2 – 6)
Keď budeš poslúchať slovo Hospodina, svojho Boha, spočinú na tebe všetky tieto požehnania a budú ťa sprevádzať. Požehnaný budeš v meste a požehnaný budeš na poli. Požehnaný bude plod tvojho života, plodiny tvojej zeme, plod tvojho dobytka, mláďatá tvojich zvierat a prírastky tvojho stáda. Požehnaný bude tvoj kôš i tvoje koryto. Požehnaný budeš, keď budeš vchádzať, a požehnaný budeš, keď budeš vychádzať.

PRÍLOHA D: PRÍKLAD PREHLÁSENIA O VÍZII A HODNOTÁCH

The Collective journey

PRÍKLAD OSOBNÉHO PREHLÁSENIA O VÍZII (LISA POTTER)

Ostávam úprimnou darkyňou milosti, Pánovou rastlinkou, ktorá žiari Ježišovým svetlom vo všetkých svojich vzťahoch ako manželka, matka, dcéra, sestra, teta, priateľka, mentorka a motivátorka. Prostredníctvom vzťahov, písania a rozprávania budem premieňať svoju bolesť na vášeň a pomáhať druhým robiť to isté. Dovolím Bohu, aby ma používal novými a novými spôsobmi ako staviteľku mostov pre generácie, ktoré prídu po mne.

Kľúčové slová: darkyňa milosti, nositeľka radosti, staviteľka mostov, mentorka, motivátorka a Pánova rastlinka.

TENTO ODSTAVEC JE DOBROVOĽNÝ

Je pre mňa dôležité zahrnúť tieto slová a termíny: úprimnosť, milosť, strom alebo Pánova rastlinka, vzťahy, generácie a premena životnej bolesti na vášeň. Byť autentickou – úprimnou znamená, aby sme boli skutoční a autentickí, prejavovali otvorenosť uzdravujúcim spôsobom. Darkyňa milosti je príkladom niekoho, kto prijal veľa milosti a bude tiež výrazne rozdávať milosť svetu a tým, ktorých jej Boh postaví do cesty. Všetky moje životné verše hovoria o strome zasadenom pri vodách a prinášajúcom veľa ovocia v správnom čase: Žalm 1, 3; Izaiáš 61, 3; Jeremiáš 17, 7 – 8. Rodina, priatelia a vzťahy sú pre moje zdravie a pokoj stále dôležité. Tí, ktorí stoja po mojom boku, aby mi konkrétnym spôsobom pomohli a poskytli mi povzbudenie, ma ako človeka obživujú. Baví ma premosťovať priepasť medzi mladšími generáciami a premieňať svoje životné bolesti na vášne, aby ich Pán mohol použiť na službu iným.

OSOBNÉ PREHLÁSENIE O HODNOTÁCH

- Budem zasadená. Prorok Izaiáš 61, 3 hovorí: „aby som na sionských zarmútených položil turban namiesto popola, olej radosti namiesto smútku a slávnostné rúcho namiesto sklesnutého ducha. Budú ich volať dubmi spravodlivosti, sadom Hospodina, aby sa on oslávil."

- Budem manželkou, matkou, dcérou, sestrou, tetou, mentorkou, spisovateľkou a rečníčkou, ktorá investuje a obohacuje životy tých, ktorých mi Boh privedie do cesty.

- Investujem do mentorovania, budovania učeníkov, koučovania duchovných dcér a synov v nádeji, že budú bežať ďalej a rýchlejšie a dostanú sa na miesta, na ktoré sa ja nikdy nedostanem.

- Nesiem meč ako bojový pokrik pre generáciu, ktorá prichádza za mnou. S pochopením toho, čo bolo a čo je, a toho, čo sa Boh chystá urobiť najbližšie.

- Budem vlievať nový, svieži život tam, kde ma Boh zasadil.

- Budem prinášať smiech a radosť zraneným a uboleným.

- Budem sa deliť o to, čo mi povedal Boh prostredníctvom písania a rozprávania.

- Dovolím svojej bolesti, aby vo mne zrodila vášne. Vždy.

PRÍLOHA E: OSOBNÝ ZÁZNAM A PLÁN RASTU

Osobný záznam a plán rastu: Dátumy:_____

Duchovný život	Telesná stránka	Rodina	Služba	Sabat/ Odpočinok

PRÍLOHA F: ZOZNAM ZDROJOV VZŤAHOV

VZORY
Ľudia, ktorí robia to, čo by ste chceli robiť aj vy

1. _____
2. _____
3. _____

HRDINOVIA
Ľudia, ku ktorým vzhliadate a ktorých obdivujete

1. _____
2. _____
3. _____

MENTORI
Ľudia, ktorí vás koučujú a investujú do vás

1. _____
2. _____
3. _____

PARTNERI
Ľudia, ktorí idú spolu s vami a ktorým sa zodpoviete

1. _____
2. _____
3. _____

OKRUH NAJBLIŽŠÍCH

Ľudia, ktorí sú vám najbližší, ktorí sú ako rodina

1. _____
2. _____
3. _____

MENTOROVANÍ

Ľudia, ktorí sa od vás učia

1. _____
2. _____
3. _____

"Vyhodnoť svoje odpovede v prehľade ,Moja sieť kontaktov'. Máš dobre vyvážené vzťahy, ktoré môžu byť tvojím emocionálnym palivom? Ktoré kategórie ešte potrebuješ vo svojom živote naplniť ľuďmi: vzory, hrdinovia, mentori, partneri, okruh najbližších alebo mentorovaní? Zapíš si mená ľudí, ktorých môžeš pozvať, aby sa stali súčasťou tvojej siete. Uveď, akú úlohu môžu pre teba plniť najlepšie."

"Keď dospeješ k záveru, akých ľudí ešte potrebuješ do svojej siete, choď a stretni sa s nimi. Požiadaj ich, aby zohrávali v tvojej sieti kľúčovú úlohu. Pozvi ich, aby zohrali väčšiu úlohu ako mentor, partner, vzor, hrdina alebo tí z okruhu najbližších. Stanov si, že sa budeš s týmito ľuďmi stretávať raz mesačne za účelom podpory, aby si sa im zodpovedala, aby prišlo povzbudenie a usmernenie. Vyzvi ich, aby ti položili tieto otázky:

- Na naplnení ktorých cieľov práve teraz pracuješ?
- Ako ti môžem poskytnúť nasmerovanie?
- Akým spôsobom ťa viem brať na zodpovednosť?
- Aké sú tvoje najväčšie potreby? Pokušenia? Slabé stránky?
- Aký konkrétny krok môžeš tento týždeň spraviť? Kedy ho spravíš?"[67]

---

[67] Tim Elmore and Harvey Herman, *Habitudes: Images That Form Leadership Habits and Attitudes* (Atlanta, GA: Growing Leaders, Inc., 2013), 18.

POUŽITÁ LITERATÚRA

Ashbrook, R. Thomas. *Mansions of the Heart: Exploring Seven Stages of Spiritual Growth.* San Francisco: Jossey-Bass, 2009.

Barsh, Joanna, and Susie Cranston. *How Remarkable Women Lead: The Breakthrough Model for Work and Life.* New York: Crown Business, 2009.

Barton, Ruth Haley. *Strengthening the Soul of Your Leadership: Seeking God in the Crucible of Ministry.* Downers Grove, IL: InterVarsity Press, 2008.

Beach, Nancy. *Gifted to Lead: The Art of Leading as a Woman in the Church.* Grand Rapids, MI: Zondervan, 2008.

Blanchard, Ken, Phil Hodges, and Phyllis Hendry. *Lead Like Jesus Revisited: Lessons from the Greatest Leadership Role Model of All Time.* Nashville: Thomas Nelson, 2016.

Bradford, James T. *Lead So Others Can Follow.* Springfield, MO: Salubris Resources, 2015.

Bradley, Ian. *The Celtic Way.* London: Darton, Longman and Todd, 1993.

Brown, Brené. *The Gifts of Imperfection: Let Go of Who You Think You're Supposed to Be and Embrace Who You Are.* Center City, MN: Hazelden Publishing, 2010.

———. *Braving the Wilderness: The Quest for True Belonging and the Courage to Stand Alone.* New York: Random House, 2017.

Catron, Jenni. *The 4 Dimensions of Extraordinary Leadership: The Power of Leading from Your Heart, Soul, Mind, and Strength.* Nashville, TN: Thomas Nelson, 2015.

Calhoun, Adele Ahlberg. *Spiritual Disciplines Handbook: Practices That Transform Us.* Downers Grove, IL: InterVarsity Press, 2005.

Caliguire, Mindy. *Spiritual Friendship.* Downers Grove, IL: InterVarsity Press, 2007.

Charan, Ram, Steve Drotter, and Jim Noel. *The Leadership Pipeline: How to Build the Leadership Powered Company.* 2nd ed. San Francisco: Jossey-Bass, 2011.

Chole, Alicia Britt. *Anonymous: Jesus' Hidden Years and Yours.* Nashville, TN: Thomas Nelson, 2006.

———. *Ready Set Rest, The Practice of Prayer Retreating.* Rogersville, MO: Onewholeworld, 2014.

———. "Movement Two: Toward Intentionality, Week Eight," *The 7th Year.* March 16, 2015, www.the7thyear.com.

Clinton, J. Robert. *The Making of a Leader: Recognizing the Lessons and Stages of Leadership Development.* 2nd ed. Colorado Springs: NavPress, 2012.

Covey, Stephen. "The Law of the Farm." *Upprevention.* https://upprevention.org/the/34154-the-law-of-the-farm-by-stephen-covey-714-141.php.

DeGroat, Chuck. *Wholeheartedness: Busyness, Exhaustion, and Healing the Divided Self.* Grand Rapids, MI: Wm. B. Eerdmans Publishing Co., 2016.

Elmore, Tim, and Harvey Herman. *Habitudes: Images That Form Leadership Habits and Attitudes.* Atlanta: Growing Leaders, Inc., 2013.

Goldsmith, Malcolm. *Knowing Me, Knowing God: Exploring Your Spirituality with Myers-Briggs.* Nashville: Abingdon Press, 1997.

Jones, Timothy. *Finding a Spiritual Friend: How Friends and Mentors Can Make Your Faith Grow.* Nashville, TN: Upper Room Books, 1998.

KPMG. "Moving Women Forward into Leadership Roles." *Women's Leadership Study.* https://home.kpmg/content/dam/kpmg/ph/pdf/ThoughtLeadershipPublications/KPMGWomensLeadershipStudy.pdf.

Kreider, Larry. *The Cry for Spiritual Fathers & Mothers.* Lititz, PA: House to House Publications, 2000.

Magee, Jeffery. *The Managerial Leadership Bible: Learning the Strategic, Organizational, and Tactical Skills Everyone Needs Today.* Upper Saddle River, NJ: Pearson Education, Inc., 2015.

Manning, Brennan, and Jim Hancock. *Posers, Fakers, & Wannabes: Unmasking the Real You.* Colorado Springs, CO: NavPress, 2003.

McGee, Robert S. *The Search for Significance: Seeing Your True Worth through God's Eyes.* Nashville, TN: Thomas Nelson Publishers, 2003.

McIntosh, Gary L., and Samuel D. Rima, Sr. *Overcoming the Dark Side of Leadership: The Paradox of Personal Dysfunction.* Grand Rapids, MI: Baker Books, 1997.

McKay, Lisa. *You Can Still Wear Cute Shoes.* Colorado Springs: CO: David C. Cook, 2010.

McNeal, Reggie. *A Work of Heart: Understanding How God Shapes Spiritual Leaders.* San Francisco: Jossey-Bass, 2011.

Metaxas, Eric. *7 Women and the Secret of Their Greatness.* Nashville: Thomas Nelson, 2015.

Miller, Hodde, Sharon. "What Happens When We See Women Teach the Bible." *Christianity Today.* http://www.christianitytoday.com/women/2015/january/what-happens-when-we-see-women-teach-bible.html.

Nessa, Lynn. "A Lesson from the Myrtle Tree." *Inspirational Contemplation.* https://nessalynn77.wordpress.com/2011/02/12/a-lesson-from-the-myrtle-tree/.

Nouwen, Henri J. M. *Life of the Beloved.* New York: Crossroad, 1992.

O'Dea, Lori. "Is Leadership a Gender-Neutral Issue?" *Influence Magazine,* August-September 2015.

Ortberg, John. *The Me I Want to Be: Becoming God's Best Version of You.* Grand Rapids, MI: Zondervan, 2010.

———. *Soul Keeping: Caring for the Most Important Part of You.* Grand Rapids, MI: Zondervan, 2014.

Palmer, Parker J. *A Hidden Wholeness: Toward an Undivided Life.* San Francisco: Jossey-Bass, 2004.

Platt, David. *Follow Me: A Call to Die. A Call to Live.* Carol Stream, IL: Tyndale House Publishers, Inc., 2013.

Reese, Randy D., and Robert Loane. *Deep Mentoring: Guiding Others on Their Leadership Journey.* Downers Grove, IL: InterVarsity Press, 2012.

Sandberg, Sheryl. *Lean In: Women, Work, and the Will to Lead.* New York: Alfred A. Knopf, 2013.

Seamands, David A. *Healing for Damaged Emotions: Recovering from the Memories That Cause Our Pain.* Wheaton, IL: Victor Books, 1991.

Scazzero, Peter. *Emotionally Healthy Spirituality: It's Impossible to Be Spiritually Mature While Remaining Emotionally Immature.* Grand Rapids, IL: Zondervan, 2006.

Scott, Halee Gray. *Dare Mighty Things.* Grand Rapids, MI: Zondervan, 2014

Smedes, Lewis B. *Shame and Grace: Healing the Shame We Don't Deserve.* New York: Harper Collins Publishing, 1993.

———. *Forgive and Forget: Healing the Hurts We Don't Deserve.* San Francisco: Harper Collins, 1996.

Smith, Gordon T. *Courage and Calling: Embracing Your God-Given Potential.* Downers Grove, IL: InterVarsity Press, 2011.

Tennant, Carolyn. *Catch the Wind of the Spirit: How the 5 Ministry Gifts Can Transform Your Church.* Springfield, MO: Vital Resources, 2016.

Thompson, Curt. *The Anatomy of the Soul: Surprising Connections between Neuroscience and Spiritual Practices That Can Transform Your Life and Relationships.* Carol Stream, IL: Tyndale, 2010.

———. *The Soul of Shame: Retelling the Stories We Believe about Ourselves.* Downers Grove, IL: InterVarsity Press, 2015.

Voskamp, Ann. *The Greatest Gift, Unwrapping the Full Love Story of Christmas.* Carol Stream, IL: Tyndale, 2013.

Weems, Kerri. *Rhythms of Grace.* Grand Rapids, MI: Zondervan, 2014.

Willard, Dallas. *Renovation of the Heart: Putting on the Character of Christ.* Colorado Springs, CO: NavPress, 2012.

———. *The Spirit of the Disciplines: Understanding How God Changes Lives.* New York: Harper Collins Publishers, 1988.

www.ingramcontent.com/pod-product-compliance
Lightning Source LLC
Chambersburg PA
CBHW070544090426
42735CB00013B/3070